中国电子信息工程科技发展研究

控 制 专 题

中国信息与电子工程科技发展战略研究中心

科学出版社

北 京

内 容 简 介

控制技术是前三次工业革命的重要使能技术,分别实现了机械自动化、电气自动化和信息自动化。面向第四次工业革命,实现知识自动化是本学科的重要使命,研究以工业人工智能为代表的新算法、研制以人参与的信息物理系统为代表的新型控制系统,成为本学科领域的两个主要发展任务。新一代信息通信技术飞速发展,以感知、决策和执行为代表的领域基本方法和技术呈现出全新发展趋势。本书充分结合上述新使命、新任务、新趋势,对国内外研究现状、进展和热点进行论述,同时指出我国应重点发展的方向,以期为控制/自动化领域发展规划提供参考。

本书主要面向控制和自动化技术学科的本科生和研究生,以及具有类似学科背景的科技工作者。

图书在版编目(CIP)数据

中国电子信息工程科技发展研究. 控制专题/中国信息与电子工程科技发展战略研究中心编著. —北京:科学出版社,2022.9

ISBN 978-7-03-073083-1

Ⅰ. ①中… Ⅱ. ①中… Ⅲ. ①电子信息-信息工程-科技发展-研究-中国②自动控制-科技发展-研究-中国 Ⅳ. ①G203②TP273

中国版本图书馆 CIP 数据核字(2022)第 162044 号

责任编辑:余 丁 赵艳春 / 责任校对:胡小洁
责任印制:吴兆东 / 封面设计:迷底书装

科学出版社 出版

北京东黄城根北街 16 号
邮政编码:100717
http://www.sciencep.com

北京虎彩文化传播有限公司 印刷

科学出版社发行 各地新华书店经销

*

2022 年 9 月第 一 版 开本:890×1240 1/32
2022 年 9 月第一次印刷 印张:5 1/4
字数:126 000

定价:88.00 元

(如有印装质量问题,我社负责调换)

《中国电子信息工程科技发展研究》指导组

组　长：

　　　吴曼青　费爱国

副组长：

　　　赵沁平　余少华　吕跃广

成　员：

　　　丁文华　刘泽金　何　友　吴伟仁

　　　张广军　罗先刚　陈　杰　柴天佑

　　　廖湘科　谭久彬　樊邦奎

顾　问：

　　　陈左宁　卢锡城　李天初　陈志杰

　　　姜会林　段宝岩　邬江兴　陆　军

《中国电子信息工程科技发展研究》工作组

组　长：

　　余少华　陆　军

副组长：

　　安　达　党梅梅　曾倬颖

国家高端智库

中国信息与电子工程科技发展战略研究中心
CHINA ELECTRONICS AND INFORMATION STRATEGIES

中国信息与电子工程科技
发展战略研究中心简介

中国工程院是中国工程科学技术界的最高荣誉性、咨询性学术机构，是首批国家高端智库试点建设单位，致力于研究国家经济社会发展和工程科技发展中的重大战略问题，建设在工程科技领域对国家战略决策具有重要影响力的科技智库。当今世界，以数字化、网络化、智能化为特征的信息化浪潮方兴未艾，信息技术日新月异，全面融入社会生产生活，深刻改变着全球经济格局、政治格局、安全格局，信息与电子工程科技已成为全球创新最活跃、应用最广泛、辐射带动作用最大的科技领域之一。为做好电子信息领域工程科技类发展战略研究工作，创新体制机制，整合优势资源，中国工程院、中央网信办、工业和信息化部、中国电子科技集团加强合作，于2015年11月联合成立了中国信息与电子工程科技发展战略研究中心。

中国信息与电子工程科技发展战略研究中心秉持高层次、开放式、前瞻性的发展导向，围绕电子信息工程科技发展中的全局性、综合性、战略性重要热点课题开展理论研究、应用研究与政策咨询工作，充分发挥中国工程院院士，国家部委、企事业单位和大学院所中各层面专家学者的智力优势，努力在信息与电子工程科技领域建设一流的战略思想库，为国家有关决策提供科学、前瞻和及时的建议。

《中国电子信息工程科技发展研究》
编写说明

当今世界，以数字化、网络化、智能化为特征的信息化浪潮方兴未艾，信息技术日新月异，全面融入社会经济生活，深刻改变着全球经济格局、政治格局、安全格局。电子信息工程科技作为全球创新最活跃、应用最广泛、辐射带动作用最大的科技领域之一，不仅是全球技术创新的竞争高地，也是世界各主要国家推动经济发展、谋求国家竞争优势的重要战略方向。电子信息工程科技是典型的"使能技术"，几乎是所有其他领域技术发展的重要支撑，电子信息工程科技与生物技术、新能源技术、新材料技术等交叉融合，有望引发新一轮科技革命和产业变革，给人类社会发展带来新的机遇。电子信息工程科技作为最直接、最现实的工具之一，直接将科学发现、技术创新与产业发展紧密结合，极大地加速了科学技术发展的进程，成为改变世界的重要力量。电子信息工程科技也是新中国成立 70 年来特别是改革开放 40 年来，中国经济社会快速发展的重要驱动力。在可预见的未来，电子信息工程科技的进步和创新仍将是推动人类社会发展的最重要的引擎之一。

把握世界科技发展大势，围绕科技创新发展全局和长远问题，及时为国家决策提供科学、前瞻性建议，履行好国家高端智库职能，是中国工程院的一项重要任务。为此，中国工程院信息与电子工程学部决定组织编撰《中国电子信息工程科技发展研究》(以下简称"蓝皮书")。2018 年 9 月至今，编撰工作由余少华、陆军院士负责。"蓝皮书"分综合篇和专题篇，分期出版。学部组织院士并动员各方面专家 300 余人参与编撰工作。"蓝皮书"编撰宗旨是：分析研究电子信息领域年度科技发展情况，综合阐述国内外年度电子信息领域重要突破及标志性成果，为我国科技人员准确把握电子信息领域发展趋势提供参考，为我国制定电子信息科技发展战略提供支撑。

"蓝皮书"编撰指导原则如下：

(1) 写好年度增量。电子信息工程科技涉及范围宽、发展速度快，综合篇立足"写好年度增量"，即写好新进展、新特点、新挑战和新趋势。

(2) 精选热点亮点。我国科技发展水平正处于"跟跑""并跑""领跑"的三"跑"并存阶段。专题篇力求反映我国该领域发展特点，不片面求全，把关注重点放在发展中的"热点"和"亮点"问题。

(3) 综合与专题结合。"蓝皮书"分"综合"和"专题"两部分。综合部分较宏观地介绍电子信息科技相关领域全球发展态势、我国发展现状和未来展望；专题部分则分别介绍 13 个子领域的热点亮点方向。

5 大类和 13 个子领域如图 1 所示。13 个子领域的颗粒度不尽相同，但各子领域的技术点相关性强，也能较好地与学部专业分组对应。

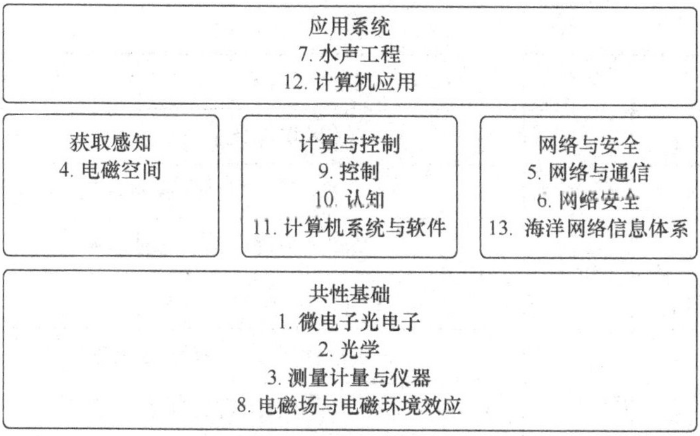

```
┌─────────────────────────────────────────────────┐
│                    应用系统                        │
│                  7. 水声工程                       │
│                 12. 计算机应用                      │
└─────────────────────────────────────────────────┘

┌──────────────┐  ┌──────────────┐  ┌──────────────┐
│  获取感知     │  │  计算与控制    │  │  网络与安全    │
│ 4. 电磁空间   │  │  9. 控制      │  │ 5. 网络与通信  │
│              │  │  10. 认知     │  │ 6. 网络安全    │
│              │  │ 11. 计算机系统 │  │ 13. 海洋网络   │
│              │  │    与软件     │  │   信息体系     │
└──────────────┘  └──────────────┘  └──────────────┘

┌─────────────────────────────────────────────────┐
│                    共性基础                        │
│                1. 微电子光电子                      │
│                   2. 光学                          │
│               3. 测量计量与仪器                     │
│            8. 电磁场与电磁环境效应                   │
└─────────────────────────────────────────────────┘
```

图 1　子领域归类图

前期,"蓝皮书"已经出版了综合篇、系列专题和英文专题,见表1。

表 1　"蓝皮书"整体情况汇总

序号	年份	中国电子信息工程科技发展研究——专题名称
1		5G 发展基本情况综述
2		下一代互联网 IPv6 专题
3		工业互联网专题
4		集成电路产业专题
5	2019	深度学习专题
6		未来网络专题
7		集成电路芯片制造工艺专题
8		信息光电子专题
9		可见光通信专题
10	大本子	中国电子信息工程科技发展研究(综合篇 2018—2019)

续表

序号	年份	中国电子信息工程科技发展研究——专题名称
11	2020	区块链技术发展专题
12		虚拟现实和增强现实专题
13		互联网关键设备核心技术专题
14		机器人专题
15		网络安全态势感知专题
16		自然语言处理专题
17	2021	卫星通信网络技术发展专题
18		图形处理器及产业应用专题
19	大本子	中国电子信息工程科技发展研究（综合篇 2020—2021）
20	2022	量子器件及其物理基础专题
21		微电子光电子专题*
22		测量计量与仪器专题*
23		网络与通信专题*
24		网络安全专题*
25		电磁场与电磁环境效应专题*
26		控制专题*
27		认知专题*
28		计算机应用专题*
29		海洋网络信息体系专题*
30		智能计算专题*

* 近期出版。

从 2019 年开始，先后发布《电子信息工程科技发展十四大趋势》和《电子信息工程科技十三大挑战》（2019 年、2020 年、2021 年、2022 年）4 次。科学出版社与 Springer 出版社合作出版了 5 个专题，见表 2。

表 2　英文专题汇总

序号	英文专题名称
1	Network and Communication
2	Development of Deep Learning Technologies
3	Industrial Internet
4	The Development of Natural Language Processing
5	The Development of Block Chain Technology

相关工作仍在尝试阶段，难免出现一些疏漏，敬请批评指正。

中国信息与电子工程科技发展战略研究中心

前　　言

　　控制科学与技术作为一门工程技术学科，主要研究对象为以工业装备为代表的固定物体、以运载工具为代表的运动体、以人参与的信息物理系统为代表的新型控制系统，以替代人或辅助人来增强人类认识世界和改造世界的能力为目的，综合运用控制科学与工程、系统科学与工程、信息与通信工程、计算机科学与技术、数学与人工智能等学科知识和所涉及对象的领域知识，研究具有动态特性仿真与分析、预测、控制与优化决策功能的控制系统设计方法和实现技术。

　　实现知识自动化是控制学科推动第四次工业革命的重要使命，发展以工业人工智能为代表的新算法和以人参与的信息物理系统为代表的新型控制系统，成为本学科领域的两个主要发展任务，并将深刻变革控制理论的感知、决策、执行方法与技术。

　　本书充分结合上述新使命、新任务、新趋势，在"全球发展态势"部分，对2021年控制领域全球发展趋势进行了综述；在"我国发展现状"部分，围绕"四个面向"选取了国内重要进展进行综述；在"我国未来展望"部分，指出我国应研究以工业人工智能算法为代表的全新工业智能算法和以两层结构的决策与控制一体化系统为代表的全新智能化管控系统；在"我国热点亮点"和"领域年度热词"部分，对国内外关注的热点进行了介绍；在"领域指标"部分，从技术和产业两方面，列举了国内外重要指标。

　　来自东北大学、中国科学院沈阳自动化研究所、中国信息通信研究院、中南大学等单位的专家参与了本次研究工作，在此一并表示感谢。

目　　录

第1章 全球发展态势

控制科学与技术作为一门工程技术学科，主要研究对象为以工业装备为代表的固定物体、以运载工具为代表的运动体、以人参与的信息物理系统为代表的新型控制系统，以替代人或辅助人来增强人类认识世界和改造世界的能力为目的，综合运用控制科学与工程、系统科学与工程、信息与通信工程、计算机科学与技术、数学与人工智能等学科知识和所涉及对象的领域知识，研究具有动态特性仿真与分析、预测、控制与优化决策功能的控制系统设计方法和实现技术[1]。

实现知识自动化是控制学科推动第四次工业革命的重要使命；研究以工业人工智能为代表的新算法和以人参与的信息物理系统为代表的新型控制系统，是本学科领域的主要发展任务；围绕新算法、新系统产生的创新成果，已经深刻变革控制理论的感知、决策和执行等基本方法和技术，呈现出代际变革的发展趋势。

本章结合上述新使命、新任务、新趋势，对控制领域全球发展趋势进行了综述。

1.1 第四次工业革命与知识自动化

第四次工业革命已发展近10年，深刻变革了全球技术和产业格局，控制与自动化技术在推动全球技术变革过程中的决定性作用逐步凸显，实现制造中的知识工作自动化和智能化，已成为领域发展的全新使命和任务。

1.1.1　自动化技术对工业革命的推动作用

历史上，控制与自动化技术在推动前三次工业革命的标志性成果中，均扮演了重要作用：反馈控制实现了蒸汽机调速的自动化、比例积分微分(proportion integration differentiation，PID)控制与逻辑控制实现了传送带自动化、计算机集成制造系统(computer integrated manufacturing systems，CIMS)实现了操作工作自动化和管理与决策工作信息化[2]。

四次工业革命技术路线及工业自动化与信息技术在工业革命中的作用如图 1-1 所示。

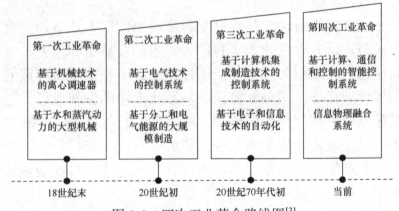

图 1-1　四次工业革命路线图[3]

第一次工业革命中，以蒸汽机为动力的机械生产设备代替了人的体力，实现了生产动力的变革。其中，离心调速器作为比例积分控制器[4][5]，使得蒸汽机能够保持恒定转速运行，是其不可分割的一部分。可以说，蒸汽机与调速器的广泛应用推动了第一次工业革命。

　　第二次工业革命中，电力代替了蒸汽成为工业生产的动力。比例积分微分控制与逻辑控制应用于电力工业，实现了传送带的自动化，由此产生了基于劳动分工和以电气化为动力的大规模生产，是第二次工业革命的主要推动力。

　　第三次工业革命中，计算机和工业通信技术与工业自动化技术融合发展，产生了两类标志性的计算机控制系统——应用于生产线设备逻辑控制的可编程逻辑控制器(programmable logic controller，PLC)和应用于大型工业过程的分布式控制系统(distributed control system，DCS)[6]，这些控制系统的广泛应用使得生产线的自动化程度进一步提高。此外，大规模工业生产迫切需要生产企业的管理高效化。可编程逻辑控制器和分布式控制系统与管理计算机、实时数据库和关系数据库相结合的计算机管控系统开始应用于企业管理，产生了用于企业级管理的企业资源计划系统(enterprise resource planning，ERP)和供应链管理系统(supply chain management，SCM)，以及用于车间级生产调度和执行管理的制造执行系统(manufacturing execution system，MES)[7][8]。企业资源计划系统、供应链管理系统和制造执行系统广泛应用于生产企业，显著提高了企业的生产管理水平。因此，第三次工业革命实现了操作工作自动化、企业管理与决策的信息化。

1.1.2　实现知识自动化是第四次工业革命的核心

　　当前，人工智能、移动互联网、云计算、工业互联网等技术的快速发展，推动形成了第四次工业革命，信息物理融合系统被认为是实现第四次工业革命的主要支撑技术。信息物理融合系统核心是通过物理空间与数据信息空间的深度融合，提高制造过程的智能化水平，进而实现智能制造。

为支撑智能制造新模式，控制与自动化技术在推动前三次工业革命发展基础上，使生产系统能像人一样具备自我感知、自主学习、自适应执行能力，是其推动第四次工业革命的关键。

1. 工业 4.0 对知识自动化的需求

典型的制造业企业虽然实现了信息化和自动化，但是大量业务仍然离不开知识型工作者的支撑。

以如图 1-2 所示的典型流程工业生产全流程的决策、控制和运行管理为例。流程企业普遍采用由企业资源规划系统、制造执行系统和过程控制系统组成的三层结构。企业经理利用企业资源规划系统得到生产过程各设备的参数，然后根据自身积累的经验和知识，对产品综合生产指标(产品质量、能耗和成本等)的目标值范围做出决定。生产部门经理利用制造执行系统得到生产信息，然后通过自己积累的专家经验来决定生产制造全流程的生产指标目标值范围。运行管理者和工艺工程师通过过程控制系统获得运行条件，通过感官(视觉、听觉和触觉等)获得具体信息，再根据自己积累的经验和知识做出决定，以反映实际生产过程中产品质量、能耗和成本等运行指标的目标值范围，然后操作人员根据自己的经验和知识决定过程控制系统的控制命令。过程控制系统通过控制整个制造和生产过程，使受控过程的输出跟踪控制指令，以提高产品的运行指标并且保证整条生产线的生产指标在期望的目标值范围内。

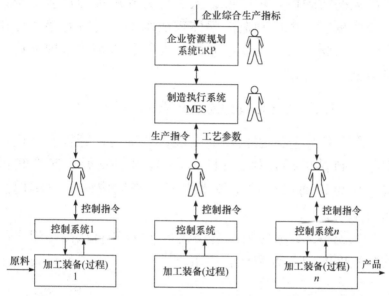

图 1-2　典型流程工业生产对知识型工作者的依赖[9]

　　上述制造与生产全流程的决策、控制与运行管理中仍然依靠人凭经验和知识来完成的工作，从控制学科的角度看，涉及工业自动化和人工智能技术难以应用的复杂系统。这类系统的典型特点是机理不清，难以建立数学模型，输入与输出相关信息处于开放环境、不确定的变化中，信息难以获取及感知，决策目标多尺度多冲突。然而，由于人无法及时准确地感知动态变化的运行条件，知识工作者无法实现企业目标、生产计划与调度的一体化优化决策，也无法实现企业资源规划系统与制造执行系统的无缝集成与优化，因此很难实现整个制造和生产过程的全局优化。

上述流程工业生产全流程的决策、控制和运行管理对人的知识型工作的依赖，在目前制造业各个细分门类中具有较强的代表性。可以说，人类行为和决策的过多干预，已经严重影响生产制造的整体集成水平、运行效率和优化性能。因此，为了实现工业 4.0 愿景，必须要实现上述知识型工作自动化。

2. 知识自动化已成为发展热点

新一代信息通信技术的发展，特别是计算技术、机器学习、自然的用户接口和自动化技术的发展，使得知识型工作可以通过自动化技术由机器来完成，从而实现知识自动化。

如图 1-3 所示为知识自动化自 2009 年首次提出以来的重要发展时间节点和标志性事件[10]。

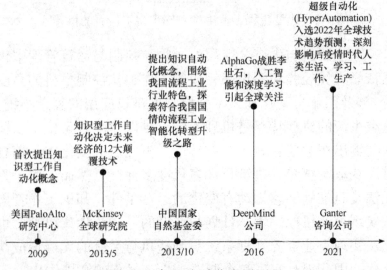

图 1-3 知识自动化发展历程

2009 年，美国 Palo Alto 研究中心讨论了"知识型工作的未来"，指出知识型工作自动化将成为工业自动化革命后的又一次革命。

2013 年 5 月，麦肯锡全球研究院在其发布的《展望2025：决定未来经济的 12 大颠覆技术》报告中将知识型工作自动化(automation of knowledge work)列为第 2 位的颠覆技术[11]。

2013 年 10 月，在综合研究和分析大数据、云计算、知识型工作自动化、工业互联网和认知网络的基础上，我国国家自然科学基金委员会提出了知识自动化技术的概念[12]。知识自动化技术是面向人机物三元融合复杂开放系统的新一代网络化信息物理系统(工业认知网络)技术，它将人的知识型工作、智能技术、3C(Computation, Communication & Control，计算机、通信和控制)技术等与工业实体相结合，研发数据与知识的全面与灵敏感知、可靠与安全传输、自律与高效计算技术，研发人机物三元融合系统动态行为分析、预测与决策技术，研发故障预警、自诊断、自修复与系统自重构技术，研发全局及全过程优化运行和动态调整等技术，实现之前只有知识型工作者才可以完成的复杂分析、精确判断和创新决策等工作。

2016 年 3 月，谷歌机器学习小组 DeepMind 的人工智能程序 AlphaGo 以 4：1 战胜世界围棋冠军李世石，使得人工智能和深度学习引起全球广泛关注[13]。围棋对弈是典型的具有复杂分析、精确判断和创新决策等的知识型工作，在此之前只有具备围棋知识经验并经历长期训练的知识型工作者才能做好。AlphaGo 说明复杂的知识型工作能够实现自动化，并且知识自动化系统针对特定的知识型工作，具备比人更出色的优势。

2021 年，Gartner 咨询公司将超级自动化(Hyper Automation)作为 2022 年技术趋势预测[14]。Gartner 将其定义为企业数字化转型的新阶段，即在全面信息化建设基础上进一步升级为业务流程的全面自动化阶段。超级自动化是一种业务驱动的方法，是多种先进技术、工具或平台的集成，包括人工智能、机器学习、事件驱动软件架构、机器人流程自动化(RPA)、业务流程管理(BPM)/智能 BPM 套件(iBPMS)、集成平台(iPaaS)、低代码/无代码工具、打包软件以及其他类型的决策、过程和任务自动化工具。超级自动化实现了海量复杂业务的自动化处理，已在财务会计、人力管理、系统运维等多类业务场景中得到了广泛应用。而且这场景恰恰是传统企业管理过程中依赖有经验管理者的知识才能完成的。可以说，围绕超级自动化的技术群取得的进步，极大丰富了知识自动化的内涵，扩展了其范畴。

1.1.3 第四次工业革命成为各国竞争力焦点

围绕第四次工业革命，发达国家实施工业化战略，加强制造业创新，以重塑制造业新的竞争优势。在工业 4.0 之后，2017 年 9 月，德国启动了"学习系统"的开发和应用，以确保未来工作和生产更加灵活和高效。2018 年 11 月，德国联邦政府宣布了人工智能战略，强调人工智能是促进工业过程智能监控、管理和控制的关键组成部分及必不可少的驱动因素，从而将工业 4.0 提升到更高的水平。此外，英国公布工业 2050 战略[15]，日本提出 i-Japan 战略

2015[16]，韩国推出制造业创新 3.0 战略。

美国和欧盟推出了产业振兴计划，如美国的国家制造创新网络(National Network for Manufacturing Innovation，NNMI)计划、欧盟的数字欧洲计划(Digital Europe Programme)；以及面向以人工智能为代表的前沿科技创新计划，如美国的国家人工智能计划(National Artificial Intelligence Initiative，NAII)、欧盟的地平线欧洲(Horizon Europe)等新一轮框架计划。

本节将重点介绍美国和欧盟针对第四次工业革命制定的产业振兴和科技战略计划。

1. 美国加速推动制造业创新和人工智能基础研究

(1) 美国制造业创新计划

制造业对美国经济至关重要，贡献超过 2.35 万亿美元，体量相当于世界第 8 大经济体。对美国制造业每投资 1 美元，就能带来 2.79 美元的经济增长，使其成为所有部门中乘数效应最高的部门。制造业也是美国科技创新和产业安全的保障，一方面为科技创新提供物质基础和创新场景，另一方面更是美国产业链韧性的基础保障。

为此，美国于 2016 年推出国家制造创新网络计划，推动美国制造业"再回归"。在具体实施该计划过程中，美国充分发挥公私合作优势，组建了一批面向制造业的新型科研机构，衔接美国政府机构需求和市场供给能力，推动以制造业为代表的传统产业复兴。特别是以美国制造业联盟(Manufacturing USA)为代表的制造业科技创新机构，不遗余力加强制造业科技创新投入和创新基础条件建设。以下重点围绕美国制造业联盟对推动美国制造业科技创新，以及应对新冠疫情两个方面，介绍其相关工作。

　　① 美国制造业联盟推动美国制造业科技创新。

　　2020 年，美国制造业联盟所属的 16 家研究所通过与 2 千余家会员组织(62%是制造企业)的合作，开展了 500 多项主要的研究开发项目，培训了 7 万多名先进制造领域相关人才。在 1.63 亿美元联邦基金投资以外，16 家研究所还从联邦政府、州政府和私人基金中额外募集了 2.62 亿美元。

　　表 1-1 所示为美国制造业联盟下属机构 2020 年度主要成果。在与控制领域相关方向上，美国制造业联盟重点围绕先进制造工艺、数字化和制造新模式 3 方面开展工作。先进制造工艺方面，重点推进复合材料、增材制造、机器人化制造先进工艺在"点上"的颠覆性突破，推动关键制造岗位实现自动化，显著提升生产效率和产品质量；数字化方面，重点数字化技术"全面"覆盖美国制造业，特别是数量众多的中小企业的全面数字化设计和数字化制造转型，是美国制造业联盟项目支撑重点；制造新模式方面，重点围绕未来绿色可循环经济，探索可循环制造这一"未来"前沿模式。

表 1-1　美国制造业联盟下属机构 2020 年度主要成果

下属机构	主题	名称	简介
MxD	数字化：制造成熟度评估标准	制造成熟度评估工具 Docent	Docent 是一款用于制造成熟度水平评估的应用程序，主要为美国国防部评估其国防承包商。Docent 向国防承包商提供标准化的问卷调查并实时评估，重点对企业的数字化水平和企业灵活性、协作性和可扩展性进行评估，有助于降低风险和评估新的国防采购。

续表

下属机构	主题	名称	简介
MxD	数字化：5G 智能工厂	芝加哥创新实验工厂部署 5G 网络	MxD 与 AT&T 合作，在其芝加哥创新实验工厂部署了专用 5G 网络和多址边缘计算设备，其方案采用 5G 毫米波技术，完整覆盖了 22,000 平方英尺的实验工厂现场；并与 AT&T 正式签约开展合作，在此测试 5G 制造业应用案例，如工业物联网、预测性维护、远程机器监控、自主机器人、混合现实培训和空间计算等。
ARM	先进制造工艺：机器人化制造	促进海鲜处理创新项目 (Fostering Innovation in Seafood Handling, FISH)	FISH 项目旨在解决传统工业机器人无法识别、处理和操纵不规则光滑物体的问题。其研发的机器人能够可靠地识别、抓取和放置海鲜或其他光滑、非刚性物品，同时在工厂环境中与人类工作人员协作，显著降低美国渔业劳动力成本，提高产业竞争力。未来 5 到 10 年，FISH 项目所研发的感知和抓取算法和机器人技术每年可能产生 200 亿美元的经济影响。此外，技术成果也可以扩展到国防应用领域，如爆炸物检查、搬运和后勤以及再补给。
ARM	先进制造工艺：机器人化制造	被动物体跟踪项目	该项目利用传感器融合、计算机视觉、机器人和基于深度学习的技术，在物流仓库中对物品进行定位和跟踪，过程中无需二维码、RFID 等标签，显著降低仓库维护成本。该项目的工业合作伙伴印第安纳技术和制造公司(ITAMCO)估计，一个部署的机器人的投资回收期只有 6 个月，5 年的投资回报超过 30 万美元。
IACMI	先进制造工艺：复材结构检测	汽车复材部件大批量、高速空气耦合超声检测 (ACUT)	该项目构建了一个无损评估单元，使 ACUT 能够有效评估汽车结构中的复合材料部件。ACUT 技术目前用于航空航天行业，但尚未适应大批量产品的高使用率，如汽车行业。通过无损检测检查每个零件的能力将使碳纤维增强聚合物在车身结构中的使用增加，从而显著减轻重量，提高燃油效率和耐撞性的强度。

下属机构	主题	名称	简介
IACMI	数字化：复合材料数字化设计	复合材料设计和制造集成数字工具	该项目开发并演示了建模和仿真过程的集成，以同时支持功能部件设计、零件整合和制造工具设计。这些数字工具用于在 IACMI 原始设备制造商合作伙伴处设计和制造用于整车测试的多组件复合材料零件。这些验证将使碳纤维增强聚合物在汽车车身结构中的使用增加，从而显著减轻重量，提高燃油效率和耐撞性的强度。
CESMII	数字化：原材料行业优化制造	面向节能降耗的水泥回转窑虚实融合比例模型	该项目在实验室构建了虚实融合的水泥回转窑比例模型，用于降低水泥制造过程的能耗。该模型的物理部分包括给料系统、冷却系统、仪表传感器和控制系统，虚拟部分为多物理(流动、传热)预测模型，使用 Argos Roberta 水泥厂提供的质量控制和工艺操作数据进行训练，其输出参数能够决定优化操作条件。目前，能耗减少 15%，该指标将在 5 年内达到 25%、10 年内达到 50%。
	数字化：工业互联网平台	用于传感器集成的边缘智能平台	该项目开发了名为 E-Box 的边缘计算硬件和软件解决方案，用于低成本的传感系统集成。E-Box 用于访问和集成基于摄像头的工作流监控数据，这些数据可以与机器学习算法相结合，以提高生产率和降低能耗。该系统已在加州大学欧文分校的纳米系统设施中进行了测试。
	先进制造工艺：加工制造过程优化	航空航天和整形外科用金属的能量优化	该项目开发了系统级优化模型，用于航空航天和整形外科行业的金属精密加工和复合增减材制造。项目将充分验证该模型以及相应的传感器网络、预测分析、监控和调度算法，以提高上述金属加工过程的能效。

续表

下属机构	主题	名称	简介
CESMII	先进制造工艺：生产工艺优化	复合材料制动器制造中能量优化的过程模拟与监控	该项目围绕热密集型制造过程、开发过程模拟和过程监控工具。重点为霍尼韦尔复合材料制动器制造开发解决方案，通过能耗预测动态模型和关键性能监测，提高产品质量、降低能耗。
	数字化：标准化工作	OPC UA 云模型库 (Cloud Library)	与 OPC 基金会合作，成立联合工作组为其智能制造平台的 Profiles 数据模型开发信息模型配套行业规范(companion specifications)并构建云模型库。联合工作组的目标是制定将机器、SCADA 和制造执行系统的 OPC UA 信息模型存储在云数据库的标准。这样的数据库将使制造商能够从 OPC UA 信息模型和配置文件中提取信息，用于其预建的车间和业务数字化应用程序。
REMADE	前沿探索：循环制造	引领塑料产业向循环经济转型	该项目开发并验证了循环经济中聚对苯二甲酸乙二醇酯(PET)和烯烃聚合物的系统分析框架。该模型评估了如何配置塑料循环经济中的制造和回收过程，以最大限度地减少能耗和温室气体排放，并提供最大的经济效益。该模型预测，与目前 PET 瓶的线性经济相比，温室气体排放量有可能减少 24%。PET 和烯烃聚合物向循环经济的过渡也将有助于缩小目前美国供应量与预计 2025 年瓶用再生 PET 需求量之间的年缺口，即 10 多亿英镑。
	数字化：数据驱动设计	数据驱动的工业和农业设备可回收设计(Re-X)	Re-X 确保产品可以重复使用、再制造、回收。但是在产品设计早期，Re-X 往往很难评估：由于缺少定量评估模型，很难分析设计如何有效地平衡性能和寿命终止；其次，现有的定性工具尚未整合到产品设计工作流程中。该项目开发了一种数据驱动的软件工具，用于评估工业和农业设备中高价值金属部件的设计选项，并在设计过程中提出建议。一旦实施，这一工具预计将减少 7%的能耗和 10%的碳排放。

下属机构	主题	名称	简介
RAPID	前沿探索：循环制造	废弃生物质糖转化	该项目以当前市价或低于当前市价的价格扩大木本和农业生物质转化为可发酵糖和其他增值产品的模块化过程。与现有工艺相比，新工艺使用的工艺热量更少，预计将使能源生产率翻倍，并且非常适合在模块化单元中进行分布式处理，这些模块化单元设计用于标准集装箱。
America Makes	先进制造工艺：增材制造	增材制造数据模型集成交换标准(Joint Additive Manufacturing Model Exchange, JAMMEX)	该模型为首个增材制造数据模型交换标准，用以支持美国国防部在增材制造领域，以安全且基于 Web 的便捷方式，来协作共享 3D 模型数据。JAMMEX 链接到包含 3D 模型的各种特定于服务的 JAMMEX 存储库，允许用户搜索、查看和编辑 3D 模型并下载相关文件。JAMMEX 可通过公共访问卡身份验证供所有用户访问，包括战场上的作战人员。

表 1.1 围绕 MxD(Manufacturing times Digital)、ARM(Advanced Robotics for Manufacturing)、IACMI(The Institute for Advanced Composites Manufacturing Innovation)、CESMII(The Smart Manufacturing Institute)、REMADE (Reducing EMbodied-energy and Decreasing Emissions)、RAPID(Rapid Advancement in Process Intensification Deployment Institute)、America Makes 等研究机构，就先进制造工艺、数字化和制造新模式 3 方面与合作伙伴开展的科研项目及取得的主要成果进行了概述。以下将对 Factory 4.0 Toolkit 设施、智能制造创新平台(smart manufacturing innovation platform，SMIP)、ε-PURE(energy-efficient (ε)

pervasive, unobtrusive, resilient, and economical)架构等 3 项代表性工作进行重点介绍。

　　Factory 4.0 Toolkit 设施是 CESMII 研究所联合宾夕法尼亚州立大学和麻省理工学院合作开发的一种仪器化的小型纤维挤压套件，如图 1-4 所示。该套件模拟现实世界的制造场景，以及智能制造软件应用程序和培训教学模块。该套件专为课堂设计，包括使智能制造教育易于在广泛的跨学科教育项目中采用的用例。麻省理工学院之前的设备设计——纤维挤压设备——由宾夕法尼亚州立大学更新，添加了电源监控、开源软件操作系统和工业控制选项，然后是用于数据存储和连接 CESMII 研究所的 SMIP 软件网络。培训教学模块向商科和工科学生介绍了智能制造概述主题，让学生深入了解工业物联网(industrial internet of things，IIoT)、数据分析、数字孪生和流程优化。

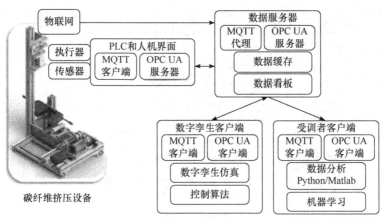

图 1-4　Factory 4.0 Toolkit 设施

　　SMIP 由 CESMII 研究所开发，如图 1-5 所示。其核心是通过智能制造系统各类异构组件的语义级互操作

(semantic interoperability)实现组件的即插即用(plug & play),最终支撑构建弹性、灵活和优化的智能制造应用。SMIP 利用边缘层/平台层/APP 层的三层架构,打通从设备到数据、到知识图谱、再到应用的端到端集成数据线程,其核心是线程背后的 SM Profiles 数据集成模型,实现了 SMIP 平台基于标准的开放和互操作能力。同时,CESMII 研究所围绕 SMIP 打造服务用户生态的智能制造应用市场,对平台提供的各类基础 Profile 和标准化 APP,以及用户开发的定制化 Profiles 和 APP,进行开放共享管理。目前,由 CESMII 研究所支持的科研项目,如表 1-1 所示的水泥、金属加工、增材制造等领域科研项目,项目合作伙伴的应用系统均借助 SMIP 开发。

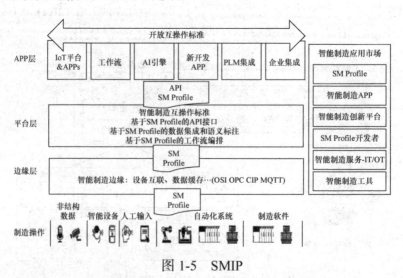

图 1-5　SMIP

由美国能源部和国防部支持建立的 CyManII 研究所 (Cybersecurity Manufacturing Innovation Institute)从能耗和

安全角度出发，设计了美国制造业绿色、安全发展架构——
ε-PURE 架构。基于该架构，CyManⅡ 研究所制定了美国制
造业绿色和安全发展的目标和路线图，旨在通过安全的能
效创新，为美国节省能源 2,900 亿度电(价值约合 200 亿美
元)；通过信息安全创新技术，为美国制造业解决 1 万亿个
安全漏洞；为美国培训 100 万名具备网络安全知识与技能
的制造业工人和员工。如图 1-6 所示，围绕评估、架构、
设施、培训和预警 5 个主题，设置了制造业能耗和安全评
估、制造业安全参考架构、共享开放科研基础设施、劳动
力教育培训以及安全威胁预警等 5 个方向的研究任务，同
时明确这 5 个研究任务之间的协作任务，旨在共同推动产
业部门向绿色节能、安全科考方向发展。

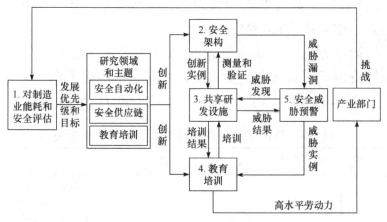

图 1-6　ε-PURE 架构

　② 美国制造业联盟提高美国应对新冠疫情的能力。

　2020 年 3 月，美国商务部和国防部推出 7,300 万美元
的《冠状病毒援助、救济和经济安全法案》(CARES)。其

中，美国制造业联盟下属 16 家研究所与至少 91 个合作伙伴针对超过 36 个快速响应项目进行了合作，通过制造科技创新来应对新冠疫情的影响。美国制造业联盟在应对疫情方面的工作主要可以体现为 3 方面、5 点具体工作。

第 1 方面为应对疫情的政策制定，表现为第 1 点具体工作——美国制造业联盟在疫情暴发后迅速提出了应对疫情的 6 条恢复路径。

第 2 方面为应对疫情的技术支撑，表现为 3 点具体工作。其中，第 2 点工作——提高供应链风险管理水平，快速为恢复供应链提供需求预测、风险预警、信息搜集、决策支撑等服务；第 3 点工作——以 3D 打印为代表的新材料工艺突破，给防护物资生产提供快速制造工艺支撑；第 4 点工作——以机器人为代表的自动化技术，在快速制造、消杀、服务等方面发挥作用。

第 3 方面为人员教育培训，表现为第 5 点具体工作——围绕疫情亟需人才和失业人员，开展技术培训工作。

上述 3 方面、5 点具体工作概述如表 1-2 所示。

表 1-2　美国制造业联盟应对疫情主要工作概述

方面	具体工作	机构	内容	简介
第 1 方面，政策制定	第 1 点，从技术角度提出应对疫情的政策	BioFab USA	制定应对疫情和疫后恢复的国家技术路线图	围绕供应链、数据基础设施、物资分配和获取、物资监管与审批、预测能力、制造业等 6 个方面，制定了技术路线，包括到 2030 年的阶段任务、路线图和目标

续表

方面	具体工作	机构	内容	简介
第2方面，技术支撑	第2点，供应链	NIIMBL	检测试剂盒供应链	围绕检测试剂、个人防护物资、呼吸机医疗设备等抗疫关键物资，建立供应链管理支撑平台，涵盖需求预测、风险预警、资源配置优化等内容
		BioFab USA	医疗资源供应需求预测系统	
		NIIMBL	确定可替代进口的国内供应商，以减少对外国呼吸器和口罩的依赖	
		MxD	供应链风险预警平台	
	第3点，增材制造	America Makes	应急相应制造计划 (Advanced Manufacturing Crises Production Response, AMCPR)	制定了政策框架，规定采用3D打印工艺制造的个人防护物资，如何快速提交和通过食品和药物管理局(FDA)、美国国立卫生研究院(NIH)和退伍军人事务部(VA)的审批；同时利用增材制造技术优势，研发新型、免清洗的过滤材料
		NIMBL	新型、免清洗过滤介质材料	
	第4点，机器人	ARM	个人防护物资质量机器人化全自动检测	用于医疗防护物资制造、病毒快速检测筛查、关键场所消杀等3大类需求，充分发挥机器人高效、智能、柔性、协作的特点，开发了一系列可取代人工、自动化程度高、高效率、高安全的机器人化应用系统
		ARM	个人防护物资快速生产(PAPPAR)	
		ARM	定制化口罩的机器人化装配	
		ARM	采用视觉和机器人技术，实现标志物快速识别和检测	

方面	具体工作	机构	内容	简介
第2方面，技术支撑	第4点，机器人	ARM	基于协作式机器人系统，实现病毒自动检测	病毒自动检测可以提高3倍检测能力
		ARM	采用自主移动机器人实现物流仓库、工厂车间、办公场所、扶梯/把手等多个场景的自动消杀	
第3方面，人员教育培训	第5点，开展技术培训	America Makes	围绕增材制造技术开展培训	提高劳动力应对疫情的能力
		LIFT	针对失业人员的快速培训	

(2) 美国人工智能创新计划

2021年1月，美国白宫科学技术政策办公室宣布成立国家人工智能计划办公室(National Artificial Intelligence Initiative Office，NAIIO)，该办公室负责监督联邦政府实施国家人工智能计划，全面负责人工智能的6项重要工作，包括：加强人工智能创新投入、从国家层面保证可信人工智能、人工智能教育和培训、建设人工智能科研设施、推进人工智能应用和开展人工智能国际合作。

为支持人工智能科研创新，美国国家人工智能计划办公室推动设立了一批国家级人工智能科研机构，同时设立人工智能科研门户(AI Researchers Portal)，为科研工作者提供人工智能科研所需的计算、数据、测试资源。为支持人工智能科研基础设施(national AI research resource, NAIRR)建设,成立了专门工作组(NAIRR Task Force),为基础设施建设提供规划建议和实施方案。以下将对上述相关内容进行详细介绍。

① 推动建设国家级人工智能科研机构。

自 2020 年以来,美国国家科学基金会(National Science Foundation, NSF)及其合作伙伴宣布在 5 年内投资 3.6 亿美元,建立一批新型的国家人工智能研究机构,并于 2020 年 8 月宣布首批 7 家机构,2021 年 7 月宣布第二批 11 家机构。

如表 1-3 所示,两批人工智能研究机构可以分为基础、支撑技术和应用技术研究 3 类。其中,基础研究类的研究所,直接面向人工智能研究本身,解决人工智能科研面临的基础科学问题,如机器学习、智能交互、复杂/动态系统、系统优化等;支撑技术研究类的研究所,主要研究人工智能科研所需的信息通信技术,如边缘计算、信息基础设施、网络通信等;应用技术研究类的研究所,面向人工智能应用的垂直领域,包括气象和海洋、农业、先进制造、教育等领域。

表 1-3　美国国家级人工智能科研机构列表

序号	名称	类型	领域	所属机构
1	美国国家科学基金会气象海洋可信人工智能研究所	应用技术	气象和海洋	俄克拉荷马大学诺曼分校
2	美国农业部国家食品与农业研究院下一代食品系统研究所	应用技术	食品	加州大学戴维斯分校

续表

序号	名称	类型	领域	所属机构
3	美国国家科学基金会人工智能机器学习基础研究所	基础	机器学习	德克萨斯大学奥斯汀分校
4	美国国家科学基金会人工智能教育研究所	应用技术	教育	科罗拉多大学博尔德分校
5	美国农业部国家食品与农业研究院未来农业弹性、管理和可持续发展研究所	应用技术	农业	伊利诺伊大学香槟分校
6	美国国家科学基金会分子发现、合成与制造研究所	应用技术	先进制造	伊利诺伊大学香槟分校
7	美国国家科学基金会人工智能和基础交互研究所	基础	智能交互	麻省理工学院
8	美国国家科学基金会网络系统协作和互动人工智能研究所	基础	复杂系统	佐治亚理工大学
9	美国国家科学基金会人工智能先进优化研究所	基础	系统优化	佐治亚理工大学
10	美国国家科学基金会学习使能的大规模优化研究所	基础	系统优化	加州大学圣迭戈分校
11	美国国家科学基金会计算学习智能信息基础设施研究所	支撑技术	信息基础设施	俄亥俄州立大学
12	美国国家科学基金会未来边缘网络和分布式智能研究所	支撑技术	边缘计算	俄亥俄州立大学
13	美国国家科学基金会利用下一代网络的边缘计算研究所	支撑技术	边缘计算	杜克大学
14	美国国家科学基金会动态系统人工智能研究所	基础	动态系统	华盛顿大学

续表

序号	名称	类型	领域	所属机构
15	美国国家科学基金会参与式学习人工智能研究所	应用技术	教育	北卡罗来纳州立大学
16	美国国家科学基金会成人学习和在线教育人工智能研究所	应用技术	教育	佐治亚研究联盟
17	美国农业部国家食品与农业研究院农业劳动力转型和决策支持人工智能研究所	应用技术	农业	华盛顿州立大学
18	弹性农业人工智能研究所	应用技术	农业	艾奥瓦州立大学

② 为人工智能科研提供公共资源服务。

美国国家人工智能计划办公室设立了人工智能科研门户，整合了人工智能科研所需的重要学术资源，并为广大科研人员提供科研服务，包括开放数据集、可用的训练计算资源和用于人工智能算法及系统测试的测试床。美国人工智能科研门户提供的开放数据集如表 1-4 所示。

表 1-4　美国人工智能科研门户提供的开放数据集

序号	名称	所属机构	简介
1	联邦政府数据库 (Data.gov)	美国联邦政府	涵盖农业、气候、能源、地方政府、航海、海洋、养老健康等多个领域；335,221 组数据集
2	NASA 开放数据 (NASA Open Data)	美国国家航空航天局(NASA)	地球科学、天文、气象、地质等领域；数万个开放数据集

续表

序号	名称	所属机构	简介
3	NOAA 大数据计划 (NOAA Big Data Program)	美国国家海洋和大气管理局(NOAA)	环境卫星数据、渔业、海洋、气象、大气；220 多组数据集
4	NIH 开放数据库 (NIH-Supported Open Data Repositories)	美国国家卫生研究院(NIH)	75 组开放医学数据集
5	NIH 受限数据库 (NIH-Supported Limited Data Repositories)	美国国家卫生研究院(NIH)	33 组受限访问的医学数据集
6	NIST 科学数据门户 (Science Data Portal)	美国国家标准与技术研究院(NIST)	制造、材料、信息、通信、统计、健康等 16 个领域；128 组数据集
7	USPTO 专利和商标数据集(Patent and Trademark Datasets)	美国专利及商标局(USPTO)	USPTO 开放数据门户；经济研究数据集；AI 专利数据集(1,320 万项)

　　另一方面，美国国家人工智能计划办公室也在通过国家行为支持可信人工智能，建设一批可信人工智能实验床，并加强可信人工智能的标准化建设，为其在关键行业推广实践做好铺垫和准备。

　　如表 1-5 所示为美国人工智能科研门户公布的与控制和自动化领域相关的测试床，包括机器人、智能制造和人工智能等几大领域。以下将重点对这些测试床的定位、功能、服务和技术指标进行介绍。

表1-5　美国人工智能科研门户公布的测试床

序号	名称	领域	类型	所属机构	简介
1	NERVE 中心 (NERVE Center)	机器人	物理类	马萨诸塞大学洛厄尔分校	● 围绕外骨骼、抓取和操控、工业移动机器人、生理学测量、无人机、有足机器人、应急响应机器人等 7 大类典型机器人; ● 提供全面的实验设施,以及测试场景、案例、标准和认证服务
2	机器人测试设施(Robotics Test Facility)		物理类	NIST	● 围绕用于城市搜索救援、炸弹处置、军事地面行动等典型场景下的机器人; ● 重点针对机器人的移动、操纵、人机交互、传感、功率/耐久性等指标; ● 提供模拟真实场景的测试环境、测试评估手段和测试标准
3	集群机器人测试环境 (Robotarium)		物理/虚拟混合类	佐治亚理工学院	● 围绕集群机器人,提供对集群算法的开发、部署、测试和优化环境,具备远程、共享、开放能力; ● 用户可以远程访问并使用该实验环境,通过下载模拟器测试代码,然后上传代码到实验环境,远程部署并监控实验过程,对算法进行调试优化; ● 试验场地面积 3.2m×2m,机器人数量 20 个,机器人宽 11cm、长 10cm、高 7cm,机器人运动线速度 20cm/s、角速度 3.6rad/s

续表

序号	名称	领域	类型	所属机构	简介
4	智能制造系统测试床(Smart Manufacturing Systems Test Bed)	智能制造	物理类	NIST	● 围绕产品生命周期管理相关的数据集成标准研发和测试，提供产品全生命周期集成(产品设计、工艺规划、数控加工、质量检测)的实验环境； ● 由产品设计环境、数控加工中心和数据共享平台3部分构成； ● 数据共享平台基于MTConnect标准，将测试床产生的设计和生产数据开放共享给远程用户
5	工业机器人测试床(Manufacturing Robotics Testbed)		物理类	NIST	● 针对人-机器人协作、机器人系统的快速重设任务、机器人安全标准、机器人灵巧操作性能评估、机器人虚拟仿真等内容开展测试； ● 具备多类型工业机器人和配套工业场景，对工件、机器人、设备、人员的跟踪定位和运动捕捉测量系统，以及高精度的虚拟仿真模拟系统
6	模拟演示设施(Modeling Demonstration Facility)		物理类	橡树岭国家实验室	● 围绕复合材料和聚合物制造及回收、金属粉末增材制造、增减材复合加工等先进制造工艺； ● 提供制造装备和机器人/自动化系统，以及制造分析和模拟、计量和表征等先进测试和分析手段；

续表

序号	名称	领域	类型	所属机构	简介
6	模拟演示设施 (Modeling Demonstration Facility)	智能制造	物理类	橡树岭国家实验室	● 实验室面积 110,000 平方英尺,包括炭纤维生产线(390 英尺长、年产能 25 吨)、大型热固性添加剂增材制造设备(全球首台)
7	阿贡超算 AI 测试床 (Argonne Leadership Computing Facility AI Testbed)	人工智能	物理类	阿贡国家实验室	● 重点支撑科学领域的 AI 算法深度学习训练研究; ● 主要提供高性能计算能力支撑
8	保证的自治工具测试床 (Assured Autonomy Tools Portal)	人工智能	虚拟类	DARPA &NSF	● 用于军事领域的人工智能系统测试; ● 训练 AI 算法生成数据,评估可信 AI 算法开发场景、生成测试用例,并开展形式化验证
9	反对欺骗的鲁棒性 AI 测试床 (Guaranteeing AI Robustness Against Deception, GARD)		虚拟类	DARPA	● 用于军事领域,应对 AI 安全入侵、欺诈干扰、攻防演练等研究的测试床

表 1-5 中所列的测试床,围绕人工智能测试标准制定、敏感数据来源、低成本高通量测试和测试床远程访问共享等方面进行了有益探索。首先,对于可信人工智能而言,

测试床的建立应配套提供测试标准和评估手段，这是人工智能可信标准研发的基础。其次，测试床也解决了部分重要数据难以获取的难题，通过测试床产生的模拟数据来支撑人工智能算法训练。最后，由于人工智能测试成本较高但部分工业应用又对可靠性有极高要求，采用虚拟与物理相结合的方式是构建测试床的主要技术路线，并且这种结合虚拟技术的测试床也为用户远程访问测试服务提供了实现条件。

③ 推进人工智能国家重大科技基础设施建设。

为打破人工智能科研资源和条件被互联网大公司、著名高校和国家实验室垄断的现状，促进人工智能科研的民主化，美国拟建立人工智能领域的科研基础设施，为人工智能研究人员提供高质量的数据、模型和算力支撑。2021年6月，由 NSF 牵头成立美国国家人工智能研究资源工作组，旨在为设施的最终建设提供立项建议和初步的建设方案。与人工智能科研门户仅在网站提供网页链接不同，该设施旨在构建直接可用的人工智能科研资源。为此，该设施将采用统一的技术架构将上述科研资源整合，并对外提供统一的人工智能科研服务。美国国家人工智能科研设施主要组成部分如图 1-7 所示。

在数据部分，该设施重点公开联邦政府数据，包括政府的统计数据、管理数据和公立科研项目的数据，同时提供数据存储、集成、访问和检索的支撑服务。计算资源方面，该设施提供包括云计算、边缘计算和高性能计算等在内的计算服务，同时提供软件工具。测试床则重点建设具有虚拟和混合特征的可信人工智能测试环境。此外，设施

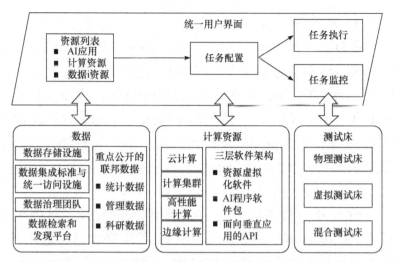

图 1-7 美国国家人工智能科研设施主要组成部分

也围绕人员教育和培训，提供相应的资源和服务。

2. 欧盟积极探索产业和科技可持续发展路径

距离德国首次提出工业 4.0 概念已经接近 10 年，欧盟持续探索数字化路径。一方面，推动产业数字化转型，谋求欧洲的产业可持续发展路径；另一方面，持续对数字化前沿科技进行研发投入，并且重视应对数字化技术带来的全新安全治理挑战。

2020 年，围绕数字化专项欧盟推出了两大计划，一是欧洲地平线(Horizon Europe)科技计划，其核心是加强数字化技术创新；二是数字欧洲计划(Digital Europe Programme)，其核心是推动欧洲产业数字化转型。以下围绕上述两个计划，对设立计划的目标、主要内容、技术路线进行重点介绍。

(1) 欧洲地平线科技计划

欧盟通过欧洲地平线这一新一轮框架计划，积极谋求同亚洲、北美竞争格局下，欧洲产业的可持续发展之路。2020 年和 2021 年，是欧盟框架科技计划的重要时间节点。2020 年，上一轮框架计划地平线 2020(Horizon 2020)2014～2020(相当于 FP8)资助结束；2021 年，新一轮框架计划地平线欧洲(2021～2027)(相当于 FP9)规划完成并部分开启执行。

① 地平线 2020 计划。

2020 年，欧盟地平线 2020 计划按期完成，其中未来工厂(Factories of the Future，FoF)专项围绕先进制造工艺，自适应和智能制造系统，数字化、虚拟化、资源高效型工厂，协作和移动式企业，以人为中心的制造新模式，用户个性化定制制造等方向取得了重要成果。如图 1-8 所示，这些方向基本上覆盖了工业 4.0 的主要应用场景，标志着工业 4.0 的远景通过未来工厂长达 7 年的资助，基本上达成了既定技术目标。

② 地平线欧洲计划。

2021 年 4 月，欧盟确定地平线欧洲计划总预算 861 亿欧元，并在新冠疫情后，出台 NeXGEATEAUTE EU 计划追加 54 亿欧元。地平线欧洲计划包括 3 大方向，其中全球挑战与产业竞争力方向投资强度最大(527 亿欧元)。该方向共设置 5 个项目群，包括：卫生健康(77 亿欧元)，包容和安全的社会(28 亿欧元)，数字与产业(150 亿欧元)，气候、能源与交通(150 亿欧元)，粮食和自然资源(100 亿欧元)等。此外还包括欧盟科学和知识服务机构联合研究中心预算 22 亿欧元。

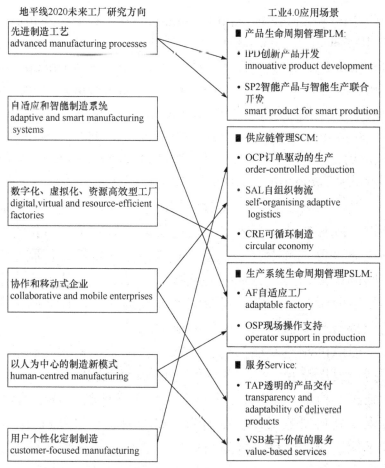

图 1-8　地平线 2020 计划与工业 4.0 支撑关系

　　与信息技术相关的数字与产业项目群包括：高性能计算(European Partnership for High Performance Computing)，核心数字化技术(European Partnership for Key Digital Technologies)，智能网络和服务(European Partnership for Smart Networks and Services)，人工智能、大数据与机器人(European Partnership on Artificial Intelligence, Data and Robotics)，光

子学(European Partnership for Photonics)，洁净钢铁和低碳炼钢(European Partnership for Clean Steel-Low Carbon Steelmaking)，测试计量(European Partnership on Metrology)，欧洲制造(European Partnership Made in Europe)，流程工业可持续发展(Processes4Planet-Transforming the European Process Industry for a sustainable society)，全球竞争力的空间系统(European Partnership for Globally Competitive Space Systems)等专项。

其中，人工智能、大数据与机器人，洁净钢铁和低碳炼钢，欧洲制造，流程工业可持续发展等专项，直接围绕制造业设置。从中可以看出，欧盟一方面重视保证制造业足够的体量，另一方面强调从技术创新手段寻找到未来欧洲制造业绿色、安全、可持续的发展路线，以保证欧洲制造业具备与美国、中国竞争的能力。

以欧洲制造专项为例，其核心目标为探索欧洲制造业可持续发展路径，及与中国和美国的比较优势；人工智能、大数据与机器人专项，则重点解决人工智能科研基础问题，探索全新科研范式，重点围绕数据、测试、部署和试验等技术应用急需的能力设置科研项目。以下将重点对欧洲制造和人工智能、大数据与机器人两个专项进行介绍。

第一，欧洲制造专项。

制造业是欧洲经济的支柱，欧洲在机器和制药等众多工业制造部门占据领先地位，总产量占欧盟 GDP 的 17.3% 和出口额的 83%，使欧洲成为世界上最大的制成品出口地区。此外，制造业吸引了全球 20% 的研发投资，并产生了 1/3 的高质量科学出版物。得益于其制造业的优势，欧盟每

年在制造业商品贸易中实现了巨大的顺差，2018 年达到
2,860 亿欧元左右。这使得欧盟能够为购买其他商品和服务
提供资金，如原材料、能源(石油和天然气)和服务。

　　欧洲制造业也面临巨大挑战：首先，欧洲制造业面
临美国和亚洲的竞争；其次，欧洲制造业也面临日益严
峻的环保压力，特别是欧盟对气候中和以及循环经济的
承诺。为此，欧洲地平线计划投资 10 亿欧元设立了欧洲
制造专项。具体科研工作根据图 1-9 所示的专项研究框
架展开。

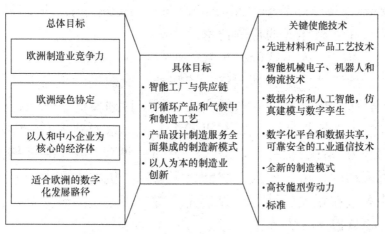

图 1-9　欧洲制造专项研究框架

　　该专项重点面临的挑战包括：如何保持欧洲制造业的
领先竞争优势，如何实现可持续的、循环的、气候中和的
制造业，以及如何利用数字化推动制造业和价值链转型，
创造更多高附加值的制造业工作岗位。为应对这些挑战，
该专项制定了 4 个发展目标，包括建设高效率、反应敏捷
和智能的工厂和供应链，突破可循环的产品和气候中和的

绿色制造工艺，探索设计研发和生产制造全面集成为代表的制造新模式，最终实现以人为本的制造业创新。

同时，该专项也提出了一些有创新意义的制造愿景。比如，在数据支撑环境方面，拟建设数据高速路和数据空间(data highways and data spaces)，用以支撑价值网络上的工厂智能和实时互联；在设计研发模式方面，发展首次即正确的制造(first-time right manufacturing)，强调设计和制造一体化、全数字化(基于数字孪生和数字线程)集成；在制造工艺创新方面，发展零缺陷、零停机时间的制造(zero-defect and zero-down-time manufacturing)，研发质量预测和非破坏式的检测技术。

第二，人工智能、大数据与机器人专项。

地平线欧洲计划围绕人工智能、大数据、机器人这 3 个有区别但又紧密联系的交叉学科，计划投资 26 亿欧元，设置人工智能、大数据与机器人专项。该专项旨在从欧洲竞争力、社会福祉和环境 3 个方面，研究、开发和部署价值驱动的，可信的人工智能、大数据、机器人技术，来保持欧盟在相关领域的世界领先位置。该专项的设立背景，主要从以下 3 方面来考虑：

首先，这 3 项技术都涉及到伦理道德、价值观、隐私保护等科技发展全新的课题。因此，该专项的任务设置对新技术的安全、治理等方面考虑得很多，强调大数据、人工智能、机器人技术本身传递的欧盟价值观。

其次，欧盟认为这 3 项技术虽然已发展数年，但是还没有充分发挥其对产业的推动作用，所以重点应对这 3 项技术的应用挑战。这些挑战包括：欧盟国家分散，虽然各国都有投入，但是没有形成合力；缺少生态建设；技术本身复杂，处于不成熟期，开发和部署成本高，还未充分验证，可信度不足；缺少相应配套的技能人才和知识储备。该专项也重点围绕制约这些技术应用的挑战，设立研究方向。

最后，作为 3 个领域交叉的专项，重点关注 3 个领域交叉之后的共性问题，并且关注该专项与其他欧盟计划产生的多个交叉融合点。希望通过 3 个领域技术的融合发展，推动技术整体发展，形成有机整体，而非 3 个独立子项目。

该专项的研究主要围绕图 1-10 所示的研究框架部署，

图 1-10　人工智能、大数据与机器人专项研究框架

通过这个框架形成欧盟的人工智能、大数据与机器人领域的科研、创新和应用部署的整体架构。

(2) 数字欧洲计划

欧盟将数字转型定位为欧洲未来繁荣的关键。新冠疫情更加凸显了数字化技术的重要性，同时也凸显了不依赖世界其他地区数字化系统及解决方案的重要性，使得欧盟更加重视数字主权和关键信息基础设施技术主权。

为此，欧盟 2020 年 12 月推出数字欧洲计划。该计划拟在 2021~2027 年之间投资 76 亿欧元，用于建设欧盟的战略数字能力，并促进广泛部署数字技术，供欧洲公民、企业和公共行政部门使用。该计划重点围绕超级计算、人工智能、网络安全、先进数字技能加强投资，并确保在整个经济和社会中广泛使用数字能力。其目标是到 2050 年提高欧洲的数字化竞争力，并确保欧盟的数字主权和关键信息基础设施技术主权。

2021 年 11 月，数字欧洲计划发布了第一阶段(2021~2023 年)计划。该阶段计划的主体是投资 13.8 亿欧元，用于人工智能、云和数据空间、量子通信基础设施、高级数字技术以及数字技术在整个经济和社会中的广泛应用等领域。其中，针对人工智能发展，将重点部署公共数据空间(data spaces)和建设人工智能解决方案测试和实验设施。此外，该阶段计划还包括：到 2022 年年底投资 2.69 亿欧元用于网络安全领域建设；到 2023 年年底投资 3.29 亿欧元用于欧洲数字创新中心(European Digital Innovation Hubs, EDIH)网络的建立和运营，以提供技术测试和支持全欧洲私营和公共组织的数字转型。以下将重点围绕数据空间和欧洲数字创新中心，这"一虚、一实"两个建设重点进行介绍。

① 数据空间。

数据空间旨在建立统一的数据流动市场，促进跨行业之间以更加高效和安全的方式进行数据共享和交换。由于数据本身的敏感、隐私、所属权等问题，构建数据空间及相应数据交流，应符合自决、隐私、透明、安全和公平竞争等原则。因此，数据空间应明确定义公平、清晰和可操作的数据访问和使用规则。

数字欧洲计划专门成立了数据空间设计工作组，定义了数据空间设计的4项基本原则，包括主权原则、公平竞争原则、分布式软件基础设施原则和公/私治理原则。其中，主权原则是指任何自然人和机构实体都享有对其数据资产排他性的自决权，这是构建数据空间的前提；公平竞争原则是指新进入者不会因为垄断情况而面临无法逾越的进入壁垒，由此技术竞争力不取决于控制的数据量，而是所提供服务的质量，这是创建公平数据共享经济的关键条件；分布式软件基础设施原则是指数据共享基础设施不应是单一的集中式信息基础设施，而应是数据空间互操作协议的集合，规定了数据的互操作性、可移植性、可查找性、安全性、隐私性和可信度等功能性和非功能性要求；公/私治理原则是指所有利益相关者，包括数据服务的用户或提供商及其技术合作伙伴和专业人员，都需要有代表性和参与感，以协调和协作的方式参与数据治理。

目前，该计划已确定了9个垂直领域的数据空间，包括医疗、制造业、农业、文化遗产、移动通信、绿色协定、媒体、公共管理、劳动力技能，如图 1-11 所示。

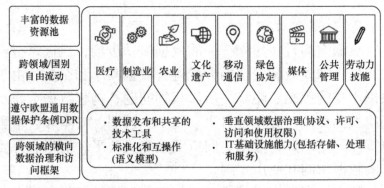

图 1-11　9 个垂直领域的数据空间

　　同时，该项目也将构建横向打通垂直领域的水平基础技术底座和参考架构，用以支撑 9 个垂直领域的数据空间建设。其中，如图 1-12 所示的水平基础技术底座，其核心技术创新是采用模块化可组合的方式来构建数据空间。为此，水平基础技术底座从数据空间建设部署实施和参与方的治理运行两个维度，分别提出了包括硬件、软件、中间件、网络等在内的技术组成模块，以及业务、组织和运行等在内的业务治理组成模块。

　　如图 1-13 所示的数据空间参考架构，则从构建数据空间的层次(layers)和视角(perspectives)两个维度提出。在 5 个层次中，业务(business)层规定了参与数据空间的数据拥有者、发布者、访问者和使用者等基本角色；功能(functional)层定义了信任、安全与数据主权、数据生态、互操作标准、增值应用、数据交易市场 6 个方面的功能要求；流程(process)层规定了数据空间的 3 个基本数据交互流程，包括数据接入上线、数据交换和数据发布使用标准

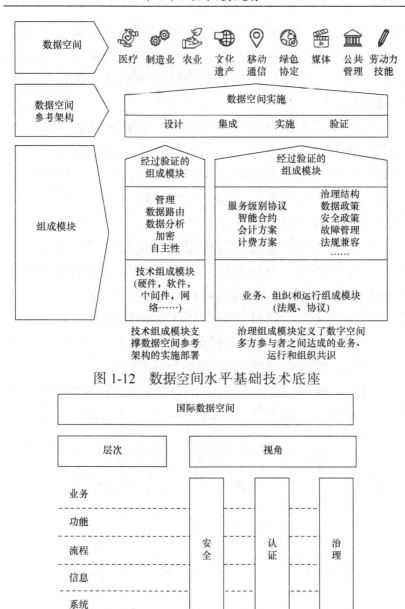

图 1-12　数据空间水平基础技术底座

图 1-13　数据空间参考架构

化流程；信息(information)层定义了不同领域数据应共同遵守的信息互操作模型；系统(system)层定义了数据空间的 3 个基本构成系统模块，包括数据接入连接器、数据交易代理器和数据应用 APP。

在 9 个垂直领域的数据空间中，制造业数据空间主要围绕工业 4.0 三大集成构建，包括由产业链上多个工厂互联集成的产业链数据空间，由智能工厂内多个生产过程和设备互联集成的智能工厂数据空间，以及由产品全生命周期集成的产品数据空间。

制造业领域特殊性也给构建制造业数据空间带来了挑战，具体表现为 3 方面：首先，制造业领域数据存在严重的异构性，信息和数据仍然存在于不同工厂部门的信息孤岛之内；其次，保密性问题阻碍了关键制造过程产生数据的广泛传播；最后，共享数据空间开放后，将带来的严重安全隐患，导致信息/物理一体化安全问题。

目前，欧盟已经确定首先围绕供应链管理和资产管理两个主题建设制造业数据空间，如图 1-14 所示。

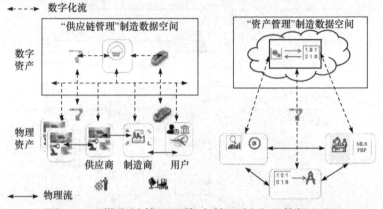

图 1-14 供应链管理和资产管理制造业数据空间

② 欧洲数字创新中心。

为了提高欧盟各区域内中小企业的数字化能力，数字欧洲计划规划建设了一批欧洲数字创新中心。其建设目标包括 4 个方面：第一，为中小企业提供围绕人工智能、高性能计算、网络安全等 3 个技术领域的技术测试服务；第二，为中小企业提供技能培训，特别是具有数字化技能的复合型人才；第三，为中小企业和初创企业提供融资服务和咨询；第四，提供产学研创新生态和网络，使得价值链上的多个主体都能在欧洲数字创新中心紧密协作。

欧洲数字创新中心分布于全欧洲，目前已经建成 710 个，正在申请的有 325 个。欧洲数字创新中心非常强调区域特点，旨在根据欧盟不同区域的产业特色，建设有针对性的欧洲数字创新中心，并且最终服务于区域经济，实现欧盟产业数字化水平整体均衡地提升。欧洲数字创新中心按专业领域划分，主要集中在人工智能、高性能计算、网络安全等领域；按数字化技术划分，涉及自动化、大数据、区块链等技术；按垂直领域划分，覆盖了农业与食品、汽车、建筑等多个行业。具体分布情况如表 1-6 所示。

表 1-6 欧洲数字创新中心领域分布情况

按专业领域划分	人工智能	211
	高性能计算	95
	网络安全	137
按数字化技术划分	自动化	17
	大数据	58
	区块链	34

续表

按数字化技术划分	云计算	35
	通信/5G	48
	物联网	74
	微电子/光电子	35
	先进材料	34
	机器人	63
	虚拟现实	45
按垂直领域划分	农业与食品	64
	汽车	20
	建筑	29
	创意产业	19
	健康	80
	公共管理	105
	生命科学	16
	物流	38
	制造业	139
	航海	24
	移动通信	57
	技能培训	86
	社会关注	6
	可持续发展	66
	旅游业	26
	能源	32

在欧洲数字创新中心建设任务中，工作重点之一是对用户的数字化水平进行评估，找到数字化提升的工作重点，通过欧洲数字创新中心的能力建设，提升企业、区域乃至整个欧洲的数字创新能力。为此，欧洲数字创新中心从 6 个维度，提出了数字化成熟度评价(digital maturity assessment，DMA)标准，如图 1-15 所示。

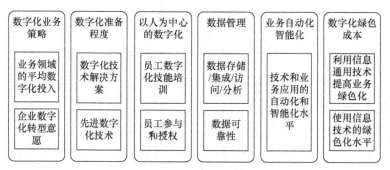

图 1-15　数字化成熟度评价标准

3. 美国和欧盟政策比较

综合比较上述美国和欧盟产业和科技政策可以发现，美国和欧盟都将产业转型和科技创新紧密结合：一方面，直接出台振兴实体产业和制造业发展计划，推动产业数字化转型升级；另一方面，针对人工智能前沿科技创新部署科研项目，特别是为支撑以数据为核心的第四次科研范式创新，大力投入新型科研设施建设；更重要的是二者的紧密融合，产业数字化升级对人工智能科技创新提出需求和实验条件，人工智能创新推动产业变革，二者形成螺旋迭代式上升路径。

就控制与自动化学科领域而言，全球加速从疫情之下恢复，更加需要先进、高效、智能的自动化和机器人解决方案，主要国家、市场和企业都加大了对本领域的投入，把握这一重要历史机遇，实现知识自动化是控制与自动化学科对人类科技进步和产业革命的重要贡献。

美国和欧盟在执行上述计划过程中，以下几方面的具体工作值得关注。

(1) 中/美/欧产业和科技竞争格局

围绕新一代信息科技创新，中/美/欧三方的竞争格局已经初步显现。美国和欧盟在制定产业和科技规划时，均将中国作为直接竞争对手。综合比较而言，美国仍在产业链和信息技术占据主导位置，欧盟由于长期缺少大型互联网公司，目前已经注意到在数据主权保护方面存在威胁和风险，而我国的新型科研举国体制成为美国和欧盟的主要对标和竞争的焦点。

(2) 以数据为核心的产业和科技战略资源

数据已经成为推动产业转型升级和科研范式变革的战略资源。美国和欧盟均围绕数据战略资源，部署了基础设施建设任务，未来数据必然会具备类似水电气一样的基础设施属性，能够惠及大众。同时，数据作为代表无形资产的战略资源，也带来了诸如安全、隐私、法规、治理、伦理道德等诸多问题，美国和欧盟均将这些基础问题的解决和治理框架，作为数据科学技术发展的前提；此外，技术本身的创新作为先进法规执行、治理的支撑手段，努力探索出二者互补性的发展路径。

(3) 复合型人才培养和劳动力结构变革

美国和欧盟在产业和科技计划中，均将复合型人才培养和利用工业革命契机推动劳动力结构变革作为重要内容。一方面，目前各领域兼具人工智能与领域知识的复合型人才极度匮乏，很多产业还未对即将到来的人工智能变革储备充足的人才库；另一方面，自动化技术进步对劳动力转型升级提出了迫切要求，如果不能利用技术升级创新的契机，提高高技能型人才在劳动力中的比重，自动化技术必将挤占劳动力岗位，严重违背以人为本的科技发展初衷。值得注意的是，美国和欧盟在制定科技计划过程中，均制定了人才和劳动力培养的可考核量化目标，而我国相关科技计划对此关注较少。

(4) 绿色可循环经济模式创新

目前，美国和欧盟已经开展基于循环经济的产业和科技创新探索，绿色、可回收、可循环的新材料、新工艺和智能产品，成为产业政策和科技创新支持的重点。相比较而言，当前我国的发展阶段和主要矛盾与美欧不同，在这一领域投入不足；但是着眼未来，这一领域是必然的发展趋势，我国相比美欧已经严重落后，必须要引起足够重视，否则未来我国步入以循环经济为主的发展阶段，将与美欧形成巨大的发展代差。

1.2 实现知识自动化的使能技术

工业人工智能深刻变革了控制基础理论方法和技术系统，重塑了人、控制系统及被控对象之间的关系，形成了全新的人参与的信息物理系统。以工业人工智能为代表的智能算法和人参与的信息物理系统等新型自动化系统，在算法和系统层面为知识自动化提供了实现基础。为此，以下围绕工业人工智能算法和人参与的信息物理系统两方面综述了国际发展现状。

此外，新冠疫情影响下，以机器人为代表的自动化产业成为全球为数不多能够实现正增长的行业；同时，为应对新冠疫情，各国政府和企业纷纷加强数字化、信息化、自动化建设，使得人与信息物理系统融合的深度、广度显著提升。为此，以下也对这一现象进行分析论述。

1.2.1 工业人工智能为实现知识自动化奠定算法基础

工业人工智能赋予工业系统自感知、自学习、自执行、自决策、自适应的能力，使其能够适应复杂多变的工业环境并完成多样化的工业目标和任务，最终提高生产效率、产品质量和设备性能。

知识型工作这类典型的动态复杂任务，给经典自动化理论方法提出了巨大挑战。与此同时，人工智能的发展提供了实现知识自动化的可能；但是，经典人工智能存在的可解释性问题难题，使其难以直接应用于复杂工业场景。比较分析自动化和人工智能的异同点，通过互补二者优势、融合技术特征，发展可解释性的工业人工智能算法与系统，为解决知识自动化提供了全新手段。

1. 人工智能发展为实现知识自动化提供了可能

复杂全流程知识型工作的自动化，对以数学模型或因果关系数据驱动的建模、控制和优化的经典自动化科学与技术提出了挑战，大数据驱动的人工智能技术为实现复杂全流程知识自动化提供了新的理论方法和技术实现手段。

从定义来看，无论是作为国家战略的人工智能定义，还是学术范畴的定义，人工智能没有一个统一的明确定义，但是人工智能的研究和应用多年来始终秉持一个核心目标——使人的智能行为实现自动化或复制。

回顾人工智能研究经历的几次高潮和低谷，一般按照三阶段划分。1956 年召开的达特茅斯会议第一次提出人工智能概念，随后引领了第一次高潮，其目标是探究机器可以在哪些方面模仿人的智能。然而，随后几十年人工智能的研究几经起伏，研究出现的难题远超预期，相关研究处于低潮。

在 20 世纪 90 年代后期，相关研究开始关注人工智能在特定领域的应用研究，并在图像识别和医疗诊断方面取得重要进展，人工智能的研究进入加速阶段，形成了第二次人工智能研究高潮，同时也带动了电子游戏、智能问答和无人驾驶等的研究热潮。

2010 年以后，数据、算力、算法三大因素促使人工智能发展进入第三个高潮阶段，并影响至今。数据因素是指来自政府、电子商务、商业、社交媒体、科学和政府等提供可用的大数据；算力因素是强大的计算能力，使大数据的应用成为可能；算法因素是高科技产业，特别是互联网公司，增加在人工智能领域的投资，将机器学习应用到公司所有产品中，如搜索、广告、YouTube 或是谷歌应用商店等取得了明显的效果。这一时期，深度学习技术取得了巨大进展：深度学习应用于图像识别领域，使图像识别结果的错误率从模式识别技术的最好结果，即错误率

26%(2011 年)，降低到 3.5%(2015 年)，低于人类识别图像的最好结果，即错误率 5%；基于深度学习的 AlphaGo 打败人类围棋冠军，这表明在博弈游戏领域，人工智能技术超过人类[17]。

目前，人工智能已经证明其在图像处理、语音识别、自然语言理解等特定任务领域，能够完全比人类完成得更好。然而，这种针对特定领域的智能不具备通用性。目前人工智能还无法具有与人类一样的智慧，无法具有与人类一样的感知、认识、学习和推理的全面智能，也无法适应通用类型的任务。这也是目前人工智能在复杂的制造场景中，仅能取得"点"上成功应用的原因。例如，具备深度学习能力的工业机器人，其深度学习算法只能支持机器人在对象识别、目标抓取、导航规划的其中一项任务，还无法像能工巧匠一样，具备加工、装配、检测等通用能力。可以说，人工智能对智能制造技术体系性的颠覆还未产生，目前尚未在制造业出现类似 AlphaGo 这样引起全球关注的标志性事件。有研究指出，人工智能系统开发者普遍认识到，机器学习将对工业产生广泛影响[18]，但是"人工智能发展到深度学习没有考虑如何应用于制造过程""多尺度、多源信息获取、预报模型和资源计划决策与控制过程集成是智能制造中的挑战难题"[19]。显然，人工智能在智能制造领域全面落地并深刻变革其技术体系，仍需要进一步创新。

2. 自动化与人工智能的互补发展关系

虽然自动化与人工智能在研究对象、研究方法和手段上有所区别，但是二者研究的核心目标出发点是相同的，即通过机器延伸和增加人类的感知、认知、决策、执行的功能，增加人类认识世界和改造世界的能力，完成人类无法完成的特定任务或比人类更有效地完成特定任务。自动化和人工智能异同点比较如表 1-7 所示。

表 1-7　自动化和人工智能异同点比较[20]

	相同点		不同点	
	核心目标	实现手段	研究对象	研究方法
自动化	减少和减轻人的体力和脑力劳动，提高工作效率、效益和效果，使人的智能行为实现自动化或复制	通过算法和系统延伸和增加人类的感知、认知、决策、执行的功能，增加人类认识世界和改造世界的能力，完成人类无法完成的特定任务或比人类更有效地完成特定任务	通过机理分析、采用微分方程或代数方程可以建立数学模型的研究对象	利用输入输出表示的因果关系小数据
人工智能			机理不清、难以建立数学模型但对象的输入输出是处于完备信息空间的大数据的研究对象	基于统计的、无模型的机器学习方法

　　从自动化和人工智能的相同点来看，自动化的研究和应用始终秉持一个核心目标，即减少和减轻人的体力和脑力劳动，提高工作效率、效益和效果。人工智能的研究和应用秉持的核心目标，是使人的智能行为实现自动化或复制。自动化与人工智能的实现手段都是算法和系统，它们的共同点是通过机器延伸和增加人类的感知、认知、决策、执行的功能，增加人类认识世界和改造世界的能力，完成人类无法完成的特定任务或比人类更有效地完

成特定任务。

从二者的不同点来看，二者在研究对象和研究方法方面存在不同。自动化是针对通过机理分析、采用微分方程或代数方程可以建立数学模型的研究对象，利用输入输出表示的因果关系小数据，建立建模、控制与优化的理论和技术。人工智能是针对机理不清、难以建立数学模型但对象的输入输出是处于完备信息空间的大数据的研究对象，采用基于统计的、无模型的机器学习方法，建立建模、控制与优化的理论和技术。人工智能在短期内的核心经济成效是将以前无法实现自动化的任务实现自动化[21]。

3. 工业人工智能是自动化与人工智能的融合

工业自动化和人工智能技术难以解决的典型全流程复杂任务，尤其以制造与生产全流程的决策、控制与运行管理中仍然依靠人凭经验和知识来完成的工作为代表，这些任务的共同特点是机理不清，难以建立数学模型，输入与输出相关信息处于开放环境、不确定的变化中，信息难以获取及感知，决策目标多尺度多冲突。

特别是面对全流程决策控制等复杂制造任务，经典人工智能方法缺乏可解释性的缺点，严重制约其在工业领域应用。目前，大数据驱动的人工智能技术通过训练大数据、学习过程和学习函数获得准确度很高的结果，但无法解释结果为什么准确。人工智能技术的发展方向为可解释的人工智能(XAI)，通过训练大数据、新的学习过程和可解释的模型获得可解释的准确结果[22]。基于统计的、无模型的机器学习方法存在严重的理论局限，难以用于推理和回溯，难以作为强人工智能的基础[23]。实现类人智能和强人工智能需要在机器学习系统中加入"实际模型的导引"[24]。

因此，人工智能技术的发展方向——可解释人工智能和智能系统，将为研究制造业知识工作自动化与智能化提供新的方法和技术。如图 1-16 所示，将人工智能技术、工业自动化技术、工业互联网与制造业的领域知识工作相结合，以研发补充和增强知识工作者能力的人工智能算法和人工智能系统为目标，发展工业人工智能技术，使实现制造业大量知识型工作自动化成为可能。

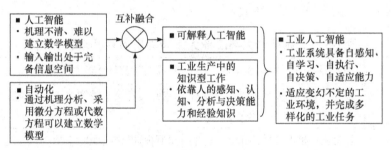

图 1-16　自动化与人工智能融合发展工业人工智能

当前，移动互联网、边缘计算、云计算和第五代移动通信技术(5G)的发展，推动学术界与产业界开始工业人工智能研究[25][26]。虽然对工业人工智能的界定并不明确且随时间的推移不断变化，工业人工智能研究与应用的核心目标是：针对产品与工艺设计、经营管理与决策、制造流程运行管理与控制等工业生产活动中目前只能依靠人的感知、认知、分析与决策能力和经验与知识来完成的影响经济效益的知识工作，实现知识工作的自动化与智能化，来显著提高社会经济效益。工业人工智能的实质是将人工智能技术与具体的工业场景相结合，实现设计模式创新、生产智能决策、资源优化配置等创新应用。使工业系统具备自感知、自学习、自执行、自决策、自适应的能力，以适应变幻不定的工业环境，并完成多样化的工业任务，最终达到提升企业洞察力，提高生产效率或设备产品性能。

　　工业自动化与工业人工智能在工业生产活动中的发展目标对比分析如表 1-8 所示，其中，工业人工智能在工业自动化基础上，进一步解决仍然依靠人来控制和管理的装备与工业过程，以及依靠知识工作者来完成的产品与工艺设计、生产管理与决策。

表 1-8　工业自动化与工业人工智能发展目标对比分析

	生产流程中的装备或工业过程	产品与工艺设计、生产管理与决策
工业自动化	实现装备和工业过程的自动控制和控制系统设定值的优化	实现设计、生产管理与决策的信息化
	研发控制技术及软件和运行优化技术及软件	研制设计软件、ERP、MES 等工业软件
工业人工智能	实现装备和工业过程控制与运行的集成优化	实现知识工作自动化与智能化
	研发补充和增加人能力的 AI 算法和 AI 系统、制造与生产全流程的运行管理与控制一体化软件	研制大数据驱动的运行工况的识别、预测与决策的 AI 算法和 AI 系统、人机合作的管理与决策智能化软件、产品与工艺设计过程中补充和增强知识工作者能力的 AI 系统

1.2.2　人参与的信息物理系统为实现知识自动化奠定系统基础

　　人、自动化系统、被控物理对象之间的关系，是控制与自动化领域的永恒主题。图 1-17 所示的人参与的信息物理系统是工业人工智能的重要使能系统，它将整个制造和生产过程的决策、控制与运行管理转化为信息物理融合系统，并将生产制造操作员以及知识工作者的知识工作变得自动化和智能化。人与技术/信息系统合作，实现基于认知学习的智能协同决策；技术/信息系统为认知学习提供知识库，实现高性能智能控制、智能感知自主优化，以及智能感知工况认知；使得被控对象/过程，如典型的生产制造、自主无人系统、能源交通系统等，实现智能优化控制。

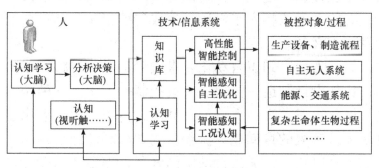

图 1-17　人参与的信息物理系统

　　实现知识自动化，也是国内外自动化厂商的发展目标。但是传统工业自动化存在技术和标准碎片化问题，阻碍知识自动化实现。为此，自动化厂商围绕上述人参与的信息物理系统，布局研发下一代工业自动化系统，推动数字化转型。各自动化厂商选择了适合自身发展的数字化转型实施路径，客观上也推动了工业自动化技术进步，引领了新的发展趋势。以下将对上述趋势进行介绍。

1. 传统工业自动化技术和标准碎片化严重

知识自动化应建立在统一构建的数据空间之上，支撑传统人工参与的跨领域业务流程实现自动化。但是，传统工业自动化技术和标准碎片化严重，成为实现知识自动化的瓶颈。

一方面，传统工业自动化缺少统一的标准化通信和数据模型。由于长时间发展的历史原因，传统工业自动化领域通信协议不统一、协议种类繁多，且数据结构不统一、格式千差万别。这些异构通信协议的集成和数据格式的转换，必须大量依赖人工操作，造成传统工业自动化系统的开发成本极高。

另一方面，知识自动化要求大量跨专业、跨领域的应用，比如设计制造一体化、决策控制一体化，这种跨领域的一体化集成带来巨大价值。然而，传统工业自动化技术也缺少跨领域的自动业务流程，比如产品设计与自动化设计流程难以统一，无法自动协同开展，需要产品设计师和自动化工程师之间人工交互和干预。

2. 人参与的信息物理系统推动数字化转型

为解决传统自动化技术存在的问题，自动化厂商将构建人参与的信息物理融合系统作为下一代工业控制系统发展目标，推动人、技术/信息系统和被控对象/过程的深度融合，实现数字化转型。一方面，以自动化为起点实现纵向打通，构建能够反映物理空间动态的信息空间，实现数据标准和协议的统一，支持信息物理深度融合；另一方面，在信息空间内，构建横向跨领域集成的业务流程，解决传统依赖人工方式存在的问题，实现知识自动化。自动化厂商推动数字化转型，具体有以下三方面考虑。

首先，是来自于制造业企业用户对灵活自动化的需求倒逼。当前，制造业企业开展个性化定制生产，对灵活自动化要求极高，传统自动化技术碎片化造成不必要的工程开发成本，难以满足用户要求，这种趋势倒逼自动化厂商转型。

其次，是来自于自动化厂商自身成本、效率和发展的考量。自动化厂商构建人参与的信息物理融合系统，实现知识自动化和数字化转型，能够显著降低其产品的开发成本，提高开发效率。更重要的是，企业通过业务领域横向集成，能够向更多垂直和细分领域扩展，实现增量式发展，提高其规模竞争力。

最后，自动化厂商拥有"自下而上"的独特发展优势。在构建人参与的信息物理系统、实现异构数据集成和业务流程自动化过程中，自动化厂商具有特殊优势。自动化厂商自工业现场起家，具有获取工业现场数据的"最先一公里"，以及打通现场闭环控制的"最后一公里"两大优势。由现场自动化开始，自动化厂商可以通过"自下而上"实施发展路线。这种信息通信技术供应商不具备的优势，在数字化转型过程中非常重要。

3. 自动化厂商数字化转型的实施路径

(1) 打造开放自动化平台

自动化厂商围绕自身传统优势领域，以其擅长的感知、物联和控制技术为基础，自底向上集成打通设备级运动控制，到产线级逻辑控制，直至车间级生产制造管理和企业级业务集成等功能，构建开放自动化平台，支持生产计划、调度和控制的一体化。

目前，各大自动化厂商以此路线推出了自己的开放自动化平台解决方案，如西门子的 MindSphere 和 Totally Integrated Automation、施耐德的 EcoStruxure、ABB 的 ABB Ability、艾默生的 PlantWeb、罗克韦尔的 FactoryTalk 等。

(2) 积极实施并购战略

各大自动化厂商在打造自身开放自动化平台基础上，通过对设计软件、仿真软件等横向领域实施并购战略，以拓展自身产品线为目标实施系统化布局。

在自动化厂商的诸多并购战略中，以西门子的策略最为引人注目，并且取得了极大成功。多年来，西门子通过并购战略，完成了向 CAD/CAE/PLM(收购 UGS)、数字化仿真(收购 LMS、CD-adapco、Infolytica 等)和电子设计自动化(收购 Avatar、OneSpin、Fractal 等)三大领域的扩展，并实现了有机整合。施耐德收购 AEVEA、ABB 收购贝加莱(B&R)和艾默生收购阿斯本技术(AspenTech)，也都是工业自动化领域的成功收购案例，极大实现了业务扩展。

(3) 与工业软件商开展合作

除直接并购中小型工业软件供应商之外，选择与大型工业软件和互联网企业合作，也是自动化厂商实现业务拓展的重要方式。并且，由于前述自动化厂商"自下而上"的独特优势，互联网厂商也把工业自动化企业看作是其向工业现场下沉的重要渠道，积极促成合作。由此推动了 IT/OT 技术的融合发展。

例如，ABB 与达索合作，将 ABB Ability 解决方案与达索系统 3DEXPERIENCE 平台进行融合，罗克韦尔自动化与 PTC 合作，将 FactoryTalk 平台与 PTC 的 ThingWorx 整合。此外，西门子与管理软件巨头 SAP 达成战略合作，与亚马逊 AWS、微软 Azure、阿里云、腾讯云等云厂商积极合作。

(4) 转型提供高附加值服务

平台化战略发展，以及与工业软件和互联网企业合作，促进了工业自动化软件厂商推动业务和服务模式的转变。借助云计算和工业互联网，自动化厂商从传统售卖自动化硬件产品转向提供自动化服务和整体解决方案。

(5) 加强工业自动化标准建设

标准化是工业自动化技术发展的基础。特别是德国工业 4.0 提出以来，不断推动标准化建设，助力工业 4.0 发展。其中，以其发布的工业 4.0 参考框架模型 (Reference Architecture Model Industrie 4.0，RAMI4.0) 为基础，旨在构建支撑工业 4.0 建设的参考架构空间，并推动其与异构工业自动化标准，如 PLC Open、OPC UA 和 E-class 等的融合。更重要的是，在 RAMI4.0 框架内，提出一批包括 AutomationML、Asset Administration Shell 等在内的新型标准，推动工业 4.0 技术的互联、互通和互操作。

1.2.3 人与信息物理系统呈现加速融合趋势

2021 年，各国政府和企业均加大数字化、信息化、自动化建设投入，推动人与信息物理系统更深、更广、更快地融合。受新冠疫情影响，各行业岗位自动化率显著提升，一方面刺激了以机器人为代表的自动化产业增长；另一方面，也深刻影响了劳动力结构，未来劳动力必须围绕高度自动化转型升级，以保障更多的就业机会。

机器人成为全球 2021 年为数不多的取得正增长的产业。新冠疫情对全球经济和产业造成重创，2021 年全球主要产业均出现萎缩，唯独自动化与数字化产业，特别是机器人产业表现亮眼。如表 1-9 所示的全球机器人产业统计数据显示，主要国家和地区的机器人出口、装机量均呈增长趋势，特别是服务机器人的大规模应用，解决了服务业由新冠疫情导致的劳动力短缺问题。

表 1-9　全球机器人产业统计数据

国家和地区	与机器人相关的统计数据	数据来源
美国	2021 年 1～8 月，美国商品进口同比减少 11%，但工业机器人进口增长 5%	美国国际贸易委员会
日本	2021 年，日本工业机器人的销量总体上优于工业机械	日本内阁府
	2021 年第二季度，日本机器人出口数量同比增长 13%	日本机器人工业会
	到 2025 年，日本对下一代机器人化物流系统的需求将达到 6,510 亿日元	
全球	2021 年，全球服役的服务机器人数量增加 38%	国际机器人联合会
	2020～2022 年，全球新安装约 200 万台机器人	
	到 2030 年，人工智能、机器人等智能自动化将为全球贡献 15 万亿美元的产值	普华永道

1.3 人参与的信息物理系统

人参与的信息物理系统全面提升人、控制系统和被控对象的协作水平，提高系统全局优化能力、增强对物理过程感知认知能力、拓展人的操作能力和范围。本部分围绕如图 1-18 所示的自动化学科发展趋势展开研究现状论述。

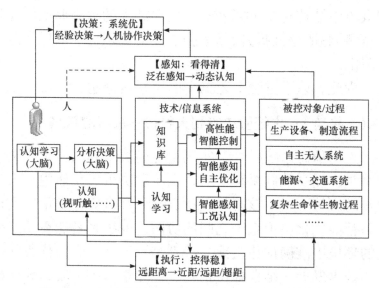

图 1-18 自动化学科发展趋势和研究现状综述框架

前述人参与的信息物理系统，重新定义了人、技术/信息系统、被控对象/过程之间的关系，对控制/自动化学科领域的三大研究要素，即感知、决策、执行，有了本质的提升：使得看得清、系统优、控得稳等控制学科追求的愿景目标有了跨越一个技术代际的显著提升。

首先，在决策层面，通过人与技术/信息系统融合，实现由传统经验决策到人机协作决策的跨越，提高控制系统全局、全流程决策优化能力。

其次，在感知层面，通过技术/信息系统向人的高级认知能力学习，实现由感知到认知的跨越，增强其对被控对象/过程中的动态被控对象和复杂运行环境的感知认知能力。

最后，在执行层面，通过技术/信息系统，实现人对物理世界中被控对象/过程操作，由单纯人的远距离操作向近距/远距/超距全面提升，极大拓展其对物理世界的操作能力和范围。

为此，以下围绕上述三个层面开展论述。

1.3.1　趋势 1：由经验决策到人机协作决策的跨越

人与信息系统融合，实现由经验决策到人机协作决策的跨越，提高控制系统全局、全流程决策优化能力。人机协作的决策方式，核心是通过自学习和自优化决策，实现人与智能优化决策系统之间的协同，使决策者能在动态变化的环境中准确优化决策。特别是以数字孪生为代表的数字化技术发展，结合虚拟仿真、强化学习等手段，为人机交互式决策提供全新的技术实现框架。由此，可以为生产决策控制一体化提供技术手段支撑，使得企业生产决策能够动态感知市场信息、生产情况和制造过程的实时运行状况，并且以企业高效化与绿色化为目标，实现企业综合生产指标、计划调度指标、全流程生产指标的综合优化决策[27]。

　　因此，以下选取如图 1-19 所示的人机协同的混合增强智能、基于数字孪生的人机交互式决策框架、生产决策与控制一体化等三方面对国外研究现状进行综述。

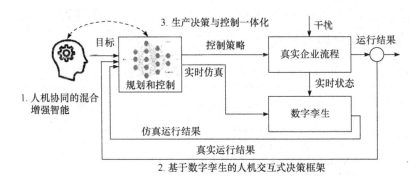

图 1-19　趋势 1：由经验决策到人机协作决策的跨越

1. 人机协同的混合增强智能

　　人机混合智能与深度学习，实现了人机协作式决策。人机协同的混合增强智能，其核心技术内涵是在机器智能中引入人的作用或类人认知的混合增强智能。当前的人工智能基础算法与应用发展主要表现为数据驱动范式在自然语言、计算机视觉和语音识别等特定领域所取得的一系列重大进展。但这一"数据拟合"模式的机器智能严重依赖于海量标注数据和大量计算资源，表现出感知智能适应性差、认知机理不明、通用智能发展乏力等问题。因此，在机器智能中引入人的作用或类人认知的混合增强智能已经被认为是人工智能发展的重要和可行路径。

　　实现人机协同的混合增强智能，首先要解决的技术挑战是学习过程如何引入人类的监督与互动，以及人参与验证，来提高学习的置信度、人机混合学习效率。此外，还面临如何建立因果模型、直觉推理和联想记忆的新计算框架的挑战，即如何提高变量因果关系识别准确率。最后，人机多模态、精准、高效交互问题也是这一领域的重要挑战，以实现人机交互类型、人机交互效率与准确性。人机协同的混合增强智能研究现状如表 1-10 所示。

表 1-10　人机协同的混合增强智能研究现状

内涵与趋势	技术挑战	核心指标	重要成果
在机器智能中引入人的作用或类人认知的混合增强智能	学习过程如何引入人类的监督与互动，以及人参与验证	学习的置信度	DeepMind、OpenAI、IDC、斯坦福大学
		人机混合学习效率	街机学习环境 Atari-57、OpenAI Procgen 学习环境、IDC AI 负载基础设施 AI Plane (AIP)、斯坦福大学自然语言推理(SNLI)数据集、Kinetics 系列化视频数据集
	如何建立因果模型、直觉推理和联想记忆的新计算框架	变量因果关系识别准确率	
	人机多模态、精准、高效交互问题	人机交互类型	
		人机交互效率与准确性	

2. 基于数字孪生的人机交互式决策框架

数字孪生技术发展，实现了全新的人机交互式决策框架。人机交互式决策，其核心在于人与决策模型之间根据物理对象的变化，进行交互式的决策；数字孪生技术的发展，特别是其能够高精度计算，并且与物理过程实时互动反馈，使得人参与的信息物理系统能够进行"决策>仿真>反馈>调节"闭环的交互式迭代决策，显著提升决策的精度和效率，同时保证决策具有全局优化能力。这种充分利用信息物理融合与交互过程的新型决策框架，称之为基于数字孪生的人机交互式决策。

为了建立复杂过程和系统的精准闭环、实时的数字孪生，首先，需要解决大规模复杂物理系统与过程的精准建模刻画问题，特别是对于超大规模物理对象，以及需要考虑多种领域建模的过程，如何建立精准的多学科模型仍是难题。其次，如何针对建立的模型，根据物理对象实时状态或者外部信号激励，进行高精度、高实时的在线计算仿真，特别是既保证仿真计算实时性的同时，又能够保证仿真计算精度，这是面临的又一巨大挑战。最后，能够满足实时控制的数字孪生与物理系统闭环实时反馈，也具有极大难度，否则数字孪生技术难以应用于物理过程对象实时控制协同的指导与优化决策。基于数字孪生的人机交互式决策框架研究现状如表 1-11 所示。

表 1-11　基于数字孪生的人机交互式决策框架研究现状

内涵与趋势	技术挑战	核心指标	重要成果
构建基于数字孪生的"决策>仿真>反馈>调节"的交互式迭代决策框架	大规模复杂物理过程与过程的精准刻画	物理对象规模点数	NASA 数字孪生地球、飞行器数字孪生，DARPA 将虚实融合的数字孪生用于武器型号研制、战场指挥和军事训练，洛克希德·马丁数字孪生武器研发
		物理模型建模因素	
	复杂过程的高精度快速仿真计算	仿真计算实时性	NASA、DARPA、西门子、Unity、博世
		仿真计算精度	
	物理过程与数字孪生实时闭环反馈互动	数字/物理闭环时延	

以下重点围绕 NASA、美国国防部高级研究计划局 (Defense Advanced Research Projects Agency，DARPA)和美国著名军工企业在数字孪生方面的科研工作进行介绍。

数字孪生最早由 NASA 提出。NASA 持续多年在数字孪生领域进行投入，目前已经形成了贯穿其主要业务领域的数字孪生技术，数字孪生已经应用于 NASA 各主要研究部门，从地球科学复杂系统模拟仿真，到航天/航空管制仿真，再到飞行器实时虚实互动仿真[28]。

在地球科学复杂系统模拟仿真方面，NASA 地球科学学部提出了高级信息系统技术(Advanced Information System Technology，AIST)计划，旨在发展支持地球科学研究的计算机、信息和软件技术。其核心构成包括三方面：第一，地球科学的观测技术(new observing strategies，NOS)[29]，即利用大规模部署的分部署传感网对地球演变过程进行测量和观测。第二，地球科学的分析和显式技术(analytic collaborative frameworks，ACF)，即在观测数据基础上，进一步利用先进分析和各种可视化手段，对观测的数据进行分析和展示。多年来，NASA 保持对 NOS 和 ACF 的长期投入支持，这两个项目的成果彼此互补，已经形成了对地球科学研究的完整和深层图景。第三，目前 NASA 将 NOS 与 ACF 集成在数字孪生更大的背景之上，提出了 AIST 计划的第三个重要内容——地球系统数字孪生(earth system digital twins，ESDT)，如图 1-20 所示。

地球系统数字孪生定义为地球系统状态和时间演化的交互式和集成多域、多尺度数字孪生模型。该数字孪生模型集成了与地球科学直接相关的模型和基础设施相关的模

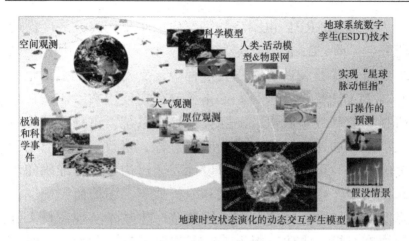

图 1-20　地球系统数字孪生技术

型，并实时动态融合空间/空中/地面/水上/水下部署的物联网观测到的连续测量数据，并提供分析和人工智能工具。基于该模型，研究人员能够运行假设场景，以提高对地球系统过程、自然现象和人类活动及其许多相互作用的理解、预测和响应。

　　此外，在 NASA 传统的航空宇航领域，NASA 将仿真用于飞行器和航天器的地面集成和仿真模拟任务。如 NASA 为美国国家空管系统建立的虚拟与现实混合的仿真技术(Shadow Mode Assessment Using Realistic Technologies for the National Airspace System，SMART-NAS)研究计划中，采用了虚拟融合的手段，使得空管模拟可以同时在真实和虚拟交通环境中运行。此外，空中交通运行实验室(Air Traffic Operations Lab，ATOL)和空域运行实验室(Airspace Operations Laboratory，AOL)，均采用了大规模虚实融合仿真技术。

美国 DARPA 也围绕数字孪生的军事用途开展广泛的研究。目前，DARPA 已经将数字孪生应用于战场作战、训练演习和武器装备研制三大过程中，支持了一批军工企业开展 DARPA 竞赛项目。如格鲁曼公司使用数字工程快速研制"陆基战略威慑"洲际弹道导弹系统。雷神公司使用数字工程加速高超声速武器研制进程，将数字工程应用于美国陆军"可选载人战车"设计，通过构建详细准确的计算机模型，虚拟建造、测试和分析战车，缩短研制周期，降低研制风险。波音公司采用数字孪生技术实现飞机大部段精准对接，成功应用于美空军首架 T-7A"红鹰"高级教练机装配，在不到 30 分钟内实现了前后机身部段对接，与传统对接流程相比耗时减少 95%。

洛克希德·马丁公司也在积极推进数字化转型，并提出了数字孪生 5 级成熟度模型(Lockheed Martin digital twin maturity model)，具体如图 1-21 所示。在该成熟度模型中，数字孪生与物理对象的交互方式(单向/双向)、灵活性(手动同步/自动同步)和覆盖范围(单阶段/全生命周期集成)等重要内涵不断丰富，是判断数字孪生技术发展历史、现有技术水平和未来发展方向的重要指标。

3. 生产决策与控制一体化

复杂制造流程向生产要素管理、决策与控制一体化系统发展。传统生产决策与控制无法实现一体化，主要原因在于决策闭环控制回路的设定值，控制回路无法动态修正，需要预先设定。当遇到动态变化，设定值与实时状态不符或者不优化时，就需要重新决策设定值。这种决策和控制

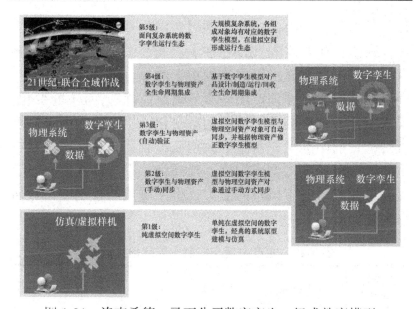

图 1-21　洛克希德·马丁公司数字孪生 5 级成熟度模型

相互分离的方式，显然难以应对动态生产过程。

一方面，随着信息空间数字化模型的全局决策能力提升，决策过程可以考虑更多的综合因素，如能耗、原料特性、外部市场环境等综合因素；另一方面，实时网络、可重构式自动化软件发展，使得决策结果能够直接给定闭环回路设定值，驱动控制回路自主重构、自动跟踪新的设定值。这种方式下，可以在传统闭环回路基础上，建立反馈控制第二回路，实现自动控制到自主决策-执行-调控的转变，即生产决策控制一体化。

决策与控制一体化主要面临三方面挑战。首先是对于复杂流程制造过程，部分不可见过程，难以建立准确的数学模型，这就要求对不可见对象及过程进行精准的预测和预报。其次，生产过程的复杂性，所谓全局综合决策因素往往是多目标冲突的，比如同时考虑质量、能耗、物耗等多种因素，相互之间往往存在矛盾制约关系，解决这种多目标冲突问题仍是决策理论的重大难题。最后，企业的生产决策往往面临外部市场环境不确定性扰动，且不断变化，要求企业能够根据外部环境动态变化，提高决策调度周期级别，目前国际领先水平的大型流程制造企业，已经可以从"天"级的生产调度周期，提高到"小时"级别，显著提高企业应对动态风险的能力。生产决策与控制一体化研究现状如表 1-12 所示。

表 1-12　生产决策与控制一体化研究现状

内涵与趋势	技术挑战	核心指标	重要成果
建立反馈控制第二回路，实现自动控制到自主决策-执行-调控的转变	内部生产过程不可见，难以建模	不可见对象及过程的预测和预报精度	美国阿斯本技术(AspenTech)、埃克森美孚、安赛乐米塔尔	埃克森美孚智能炼化一体化系统、安赛乐米塔尔炼钢优化决策系统、AspenTech 计划调度一体化系统
	综合考虑质量、能耗、物耗等多冲突因素	优化决策考虑因素类型		
	外部市场环境不确定性扰动，且不断变化	决策调度周期级别(季、周、天、小时)		

1.3.2　趋势 2：由感知到认知的跨越

信息系统学习人的高级认知能力，实现由感知到认知的跨越，增强其对动态被控对象和复杂运行环境的感知认知能力。工业物联网技术的发展，使得泛在感知成为可能；

信息空间对物理空间感知的深度和广度不断提升。但是，物理空间感知仅仅是简单的原始数据刻画，还无法在原始数据基础上进一步分析计算，使得感知能力更强。特别是，随着感知数据的不断增长，在这些原始数据基础上进行深入的计算分析，使得感知过程能够像人一样具备复杂场景的认知能力，成为重要发展方向。

机器人技术的发展，使得机器不仅能够像人一样在物理空间实施动作，更能够学习模拟人对复杂运行环境的感知认知能力，目前这一领域取得了许多重要成果，也是以深度学习为代表的人工智能技术重要应用领域。这种认知能力的提升，使得自动化系统具备了面向开放动态环境的感知与认知能力，显著提高了系统在未知环境下的适应能力。在工业制造领域，感知与认知技术的发展，特别是智能检测技术的突破，推动人工化验和人工观测与识别向大数据驱动的智能感知与工况识别发展，显著提高了生产过程的精度和产品质量。

因此，以下围绕如图 1-22 所示的机器人感知与认知，面向开放动态环境的智能感知，以及面向复杂工业环境的在线检测等三个方向，对相关国外发展进行综述。

1. 机器感知与认知

机器感知与机器智能发展，使得机器的感知和认知水平达到人的程度。目前，机器人已在某些固定场景获得成功应用；然而，针对更通用的应用场景，机器人广泛普及还遇到许多挑战。其中一个原因是机器人还不具备类人的感知能力和认知能力。因此，提高机器人在复杂、动态环

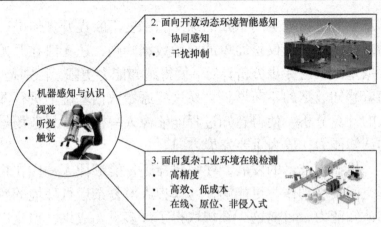

图 1-22　趋势 2：由感知到认知的跨越

境下的感知和认知能力，让机器人理解人的情感和深层意图，与人更好地交互和协作，赋予机器人以类人的自主学习和行为能力，这些开放问题给机器人感知认知提出更高的要求。

　　使机器人具备人的感知认知能力，仍面临诸多挑战。首先，如何提高机器人在复杂、动态环境下的感知和认知能力，特别是在复杂度高、具有极强开放性的环境中，如何提高机器人的感知认知可靠性、精度，降低误差。其次，现有机器人理解人情感和深层意图的能力严重不足，机器人如何综合运用人工智能赋予的语言理解能力、运动感知能力和图像识别能力，更好地感知人类，这是本领域的重要挑战。最后，现有机器人尚不具备类人的自主学习和行为能力，目前的研究中，机器人感知认知的任务学习类型、机器人学习准确性和机器人学习效率等指标，尚不足以支撑机器人较好地感知认知动态事变的工作环境，进而执行复杂任务操作。机器感知与认知研究现状如表 1-13 所示。

表 1-13　机器感知与认知研究现状

内涵与趋势	技术挑战	核心指标	重要成果	
机器人具备类人的感知能力和认知能力	如何提高机器人在复杂、动态环境下的感知和认知能力	环境复杂度、开放性	普林斯顿大学、斯坦福大学、麻省理工学院、加州伯克利大学	普林斯顿大学 ImageNet 图像训练集、Leeds Sports Poses 运动捕捉数据集、CVC-ClinicDB/Kvasir-SEG 医疗图像数据集
		感知认知精度、误差		
	机器人如何理解人的情感和深层意图	语言理解能力		
		运动感知能力		
		图像识别能力		
	如何赋予机器人以类人的自主学习和行为能力	任务学习类型		
		机器人学习准确性		
		机器人学习效率		

2. 面向开放动态环境的智能感知

模式识别和智能感知技术不断发展，使得系统具备面向开放环境以及动态对象精准感知认知能力。模式识别和智能感知是人工智能的重要研究方向，旨在对各种感知数据进行分析，对其中的场景、物体、行为、关系等模式进行检测和判别。过去 60 多年来，模式识别和智能感知理论与方法得到了巨大发展，在视频监控、网络多模态信息处理等领域得到了成功应用。目前，以深度学习+大数据为代表的方法在许多感知任务中都取得了优异的识别性能，在有些任务上甚至超过了人类智能水平。然而，在面向开放环境和动态感知对象的情况下，系统仍不具备精准感知认知能力。

造成这一问题的主要原因在于：首先，感知数据质量和内容不可控、类别和数据分布动态变化；其次，现有方法在泛化性、鲁棒性、可解释性、自适应性等方面均呈现明显不足；最后，在开放环境下，往往存在训练标记数据少、噪声干扰大，难以获取高质量的训练数据等问题。这些都是系统在开放环境下进行高精度感知认知面临的难题挑战，因此需要探索新的理论、模型和算法。面向开放动态环境的智能感知研究现状如表 1-14 所示。

表 1-14　面向开放动态环境的智能感知研究现状

内涵与趋势	技术挑战	核心指标	重要成果	
系统具备面向开放环境以及动态对象精准感知认知能力	感知数据质量和内容不可控、类别和数据分布动态变化	可感知数据类别	DARPA、NASA、加州理工学院	DARPA 快速轻量自主(FLA)项目、DARPA 拒止环境协同作战(CODE)项目
		可感知数据分布特征		
	泛化性、鲁棒性、可解释性、自适应性差	算法泛化能力		
		算法鲁棒性		
		结果可解释性		
	训练标记数据少、噪声干扰	训练数据集类型、规模、质量		

3. 面向复杂工业环境的在线检测

传统检测技术依赖人工化验和人工观测与识别，由于检测与制造过程离线，导致效率、精度、可靠性不高等问题，显然难以满足智能制造要求。智能感知认知技术发展，推动了人工化验和人工观测与识别，向大数据驱动的智能感知与工况识别系统发展。智能感知与工况识别系统利用工业互联网将人工化验相关的控制系统输入输出数据、反映运行工况的音视频等多源异构工业大数据汇聚，采用工业人工智能技术，实现人工化验的工艺参数实时预测和运行工况智能感知、预测和异常工况溯源。目前，智能检测技术广泛应用于国防建设、工业制造、生物医学等多个重要领域。结合了智能算法的现代检测技术普遍具有高效、高可靠和高精准等优点，是现代检测技术的前沿发展方向和热门研究领域。

　　但是，现实工业制造过程在线、高精度检测，仍面临诸多挑战。首先是强干扰条件下，如何对异型(超大/极端微小)构件进行检测，要求能够抑制工业现场多种干扰源类型，并且在被检测对象尺寸、形貌、数量、规模多变的情况下，进行高精度检测是重要难题。其次，如何进行工业现场的在线、原位、无损的快速检测，特别是工业制造严苛要求，对在线检测效率和检测精度的极高要求带来巨大挑战。最后，如何基于多传感器融合，实现不可见生产过程的可视化，来提高现场操作工人和生产管理人员决策的透明度和预见性，也是本领域的重大挑战难题。面向复杂工业环境的在线检测研究现状如表 1-15 所示。

表 1-15　　面向复杂工业环境的在线检测研究现状

内涵与趋势	技术挑战	核心指标	重要成果
人工化验和人工观测与识别向大数据驱动的智能感知与工况识别发展	强干扰条件下、异型(超大/极端微小)构件的检测	可抑制的干扰源类型	基恩士、康耐视、奥林巴斯
		被检测对象尺寸、形貌、数量、规模	消费电子产品外观视觉检测、碳纤维复合材料内部与缺陷检测系统、奥林巴斯原子力显微探针
	工业现场的在线、原位、无损的快速检测	在线检测效率	
		在线检测精度	
	基于多传感器融合实现不可见生产过程的可视化	传感器类型	
		可视化精度与维度	

1.3.3　趋势 3：由远距离操作向近距/远距/超距全面跨越

信息系统使得人对物理世界的操作，由单纯人的远距离操作向近距/远距/超距全面提升,极大拓展其对物理世界的操作能力和范围。新一代信息通信技术发展，特别是在5G、人工智能高速网络和智能控制算法驱动下，工业设备和智能装备等被控对象向(集群)智能自主系统发展，智能自主控制系统成为本领域发展热点。典型的智能自主控制系统主要由三个子系统组成，即智能运行优化、高性能智能控制、运行状态识别和自优化控制。在智能自主控制系统控制下，系统具备智能感知生产条件的动态变化能力；并且能够以优化运行指标为目标，对控制系统的设定值进行自适应决策；智能跟踪控制系统设定值的变化具有高动态性能，将实际运行指标控制在目标值范围内；实现实时远程监控和移动监控，预测和排除异常运行工况，使系统安全、优化运行；配合构成整个系统的其他智能自主控制系统，实现系统全局优化。

借助智能自主控制系统，工业设备、智能装备等被控对象，在近距、远距、超距三个维度上都显著提升了对物理世界的操作能力。为此，以下选取如图 1-23 所示的以人机共融机器人为代表的近距、以智能自主制造装备为代表的远距、以集群/自主无人系统为代表的超距，对相关研究现状进行综述。

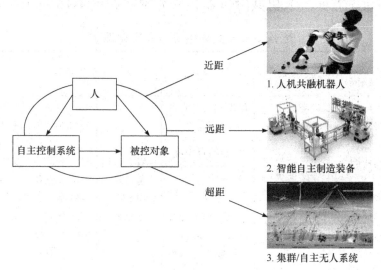

图 1-23　趋势 3：向近距/远距/超距全面跨越

1. 近距：人机共融机器人

人可以与人机共融机器人设备在近距离协同作业，极大辅助增强人的作业能力，显著降低作业劳动强度。随着机器人技术的日益发展以及作业对象和任务的不确定性，新一代机器人——共融机器人呼之欲出。共融机器人是指能够与作业环境、其他机器人和人自然交互、自主适应复杂动态环境并协同作业的机器人。其在结构、感知和控制方面的特征是：柔顺灵巧的结构、多模态感知的功能、分布自主、协同作业的能力。

当前共融机器人在与人近距离协作条件下，面临的主要挑战体现为机器人与任务、环境间的适应性，集中于环境和任务适应性机器人运动、传动特性与结构的映射规律，机器人与环境交互动力学和顺应性控制，以及智能交互与感知三方面。人机共融机器人研究现状如表 1-16 所示。

表 1-16　人机共融机器人研究现状

内涵与趋势	技术挑战	核心指标	重要成果	
人可以与机器人设备在近距离协同作业，极大辅助增强人的作业能力，显著降低作业劳动强度	人类意图理解与识别	可识别人类意图的途径与类型	DARPA、格鲁曼、NASA、空客	DARPA 飞机机组人员工作自动化系统，格鲁曼卫星在轨维护机器人，空客机器人协助国际空间站上宇航员，NASA 在轨制造机器人
	柔性材料与多功能机构	机构的自由度		
		机构的柔顺度		
	人机协作柔顺控制	认知协作控制的精度、实时性、稳定性		

DARPA 支持的飞机机组人员工作自动化系统(aircrew labor in-cockpit automation system，ALIAS)，由美国自动驾

驶公司 Aurora 完成，如图 1-24 所示。ALIAS 定位为飞行员驾驶辅助系统，使得飞行员从底层的操作解放出来，能够更加集中于任务级的决策。作为飞行员的助手，能够完成飞机的起飞和降落，甚至处理突发情况。具有模块化构成，能够适应各类型飞机，包括固定翼和旋翼飞机。系统的自动化级别可以根据飞行员偏好调整，最终目的是减少飞行员在机舱内的操作。

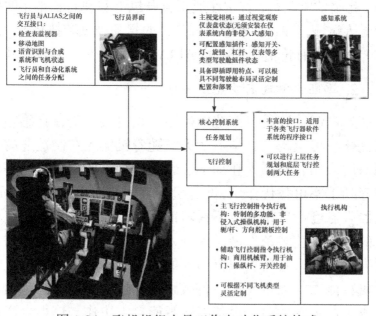

图 1-24　飞机机组人员工作自动化系统构成

　　ALIAS 由核心控制系统、感知系统、执行机构和飞行员界面四个核心组成模块。与传统驾驶辅助系统需要侵入式安装不同，ALIAS 强调采用非侵入式的安装和部署，执行机构采用机器人从外部对驾驶舱执行机构进行操作，采用视觉摄像头从仪表外部直接观测，这种设计原则使得ALIAS 的几个模块具备即插即用能力，无需复杂的安装调试即可以快速适应多种机舱布局，真正像一个具有感知、决策和执行能力的"副驾驶"一样来协助驾驶员。

2022 年 2 月 5 日，DARPA 宣布一架搭载了 ALIAS 的UH-60A 型黑鹰直升机在肯塔基州的实验基地，依靠ALIAS 系统完成了长达 30 分钟的完全无人干预全自动飞行。此次试验飞行，首次在通用直升机上实现时长半小时的全无人试飞。并且，考虑到直升机的驾驶难度和技巧，此次实验非常具有价值，标志着 ALIAS 能力的又一显著提升。

2. 远距：智能自主制造装备

生产制造装备及系统向机器人化发展，具备自感知、自优化、可重构、自学习能力。随着机器人在制造业的全面深度应用，机器人在加工、装配、物流和检测等主要环节起到了不可替代作用，部分机器人参与模块化制造单元，机器人已经由传统的上下料辅助生产设备，开始向制造单元的主要工艺装备发展。此外，传统制造装备也逐渐向机器人化发展，具备类似机器人的智能感知、自主决策、柔性执行能力。以单元和装备级别的机器人化能力为基础，构成生产系统的多个设备能够智能自主协作，使得生产系统具备了模块化、可重构特点，系统整体的生产效率、质量和柔性得到显著提升，成为工业 4.0 时代个性化定制生产的重要支撑。

发展机器人化制造装备也面临诸多挑战。首先，面向复杂生产工艺的自主优化，特别是复杂、高精度的产品，提高工艺精度、快速性的工艺指标，产品质量、一致性等产品指标，以及精度保持性、无故障率等装备指标，是现有机器人化新型装备相比传统制造装备的弱点。其次，由机器人化装备构成的生产系统，如何面向多类型、个性化、动态生产任务的系统柔性可重构，支持多类型产品混线生产的同时保证生产系统重构时间满足生产成本效率要求，仍是重要难题。最后，机器人化装备如何向高技术工人自主学习，并实现技能升级，仍是本领域的前沿性挑战。智能自主制造装备研究现状如表 1-17 所示。

表 1-17　智能自主制造装备研究现状

内涵与趋势	技术挑战	核心指标		重要成果
生产制造装备及系统向机器人化发展，具备自感知、自优化、可重构、自学习能力	面向复杂生产工艺的自主优化	工艺指标：工艺精度、快速性	波音、洛克希德·马丁、格鲁曼、GE、雷神	波音脉动式生产线、洛克希德·马丁全数字化热成型工艺装备、洛克希德·马丁移动式自主涂装系统、GE 金属增材制造工艺装备、电子碰撞公司热塑性复合材料自动高速铺丝工艺装备
		产品指标：产品质量一致性		
		装备指标：精度保持性、无故障率		
	面向多类型、个性化、动态生产任务的系统柔性可重构	支持产品混线生产类型数量		
		生产系统重构时间		
	向高技术工人自主学习，并实现技能升级	技能学习类型与复杂度		
		技能学习时间与效率		

　　本部分重点对美国重要的军工复合体,如洛克希德·马丁、波音、雷神、格鲁曼等公司的进展进行了综述,重点关注先进/快速制造工艺、柔性智能生产、先进检测技术、机器人技术,以及人工智能/大数据/数字孪生等技术在产品设计、制造、服役等方面的创新应用。

　　在智能工厂方面,洛克希德·马丁提出智能工厂框架(Intelligent Factory Framework, IFF)计划。该架构依托全互联的边缘计算网络,构建了设备、现场、人员可靠、标准的数据互联渠道,可以自动预测维护需求、分析生产性能和监控质量。IFF 架构旨在实现洛克希德·马丁全企业所有程序,都能够无差别地即时访问到过去数小时才能访问的数据。设备接入 IFF 架构后,可以利用人工智能算法,一方面主动报告设备运行状态、加工质量,并对其进行优化;另一方面,对可能的故障进行预判,并给出预测性维护建议。

　　IFF 架构通过数据安全和统一数据模型两个基础,来实现大规模设备互联。安全方面,IFF 符合 NIST 的 800-171 和新兴的网络安全成熟度模型认证(cybersecurity maturity model certification, CMMC)标准;由于采用统一数据模型,异构设备之间的数据无需复杂转换,并且使得数据对于人工智能数据分析直接可用,显著提高了大量设备集成和大数据分析的效率。

　　提出 IFF 架构后,洛克希德·马丁快速采取行动,在 2020~2021 年间部署了四座数字化工厂,用以对 IFF 架构进行验证。洛克希德·马丁的四大事业部,除旋翼与作战系统外,航空、航天、导弹与火控事业部新建了三个数字

化工厂，并对著名的臭鼬工厂进行升级改造，充分验证了
IFF 架构。这些工厂的共性特点可以概括为三方面：首先，
基于 IFF 架构实现设备、制造流程、人员、跨领域的数据
无缝透明集成；其次，均采用了灵活可重构的车间架构，
使得能够支持多种产品混线装配，并根据产品变化快速转
产，满足武器装备小批量但极端复杂的要求；最后，全面
采用智能装配单元技术，如增强现实辅助、智能工具、数
字化测量、机器人化装配等，大幅提升装配效率和质量。
相关情况如表 1-18 所示。

表 1-18　洛克希德·马丁四大数字工厂

名称	STAR Center	Skunk Works	Missile Assembly Bldg.4	Strike Systems
事业部	航天事业部	航空事业部	航天与导弹火控事业部	导弹火控事业部
地点	佛罗里达提图斯维尔	加利福尼亚帕姆代尔	阿拉巴马考特兰	阿拉巴马特洛伊
产品	猎户座飞船	涉密产品	高超音速打击武器	通用空对地防区外导弹
客户	NASA	涉密用户	美国国防部	美国空军
面积	55,000 平方英尺	215,000 平方英尺	65,000 平方英尺	225,000 平方英尺
雇员	75	450	70	160
技术特征	基于 IFF 框架：全流程数据透明互联和访问；高可扩展性：满足猎户座飞船装配任务的快速扩	基于 IFF 架构：柔性脉动式装配线，支持混线生产；智能装配工具：可移动和柔性机	基于 IFF 架构：高度柔性装配，支持多种产品混线生产；先进装配技术：机器人热防护应	基于 IFF 架构：全数字化仿真；基于增强现实的装配：机器人自动化涂装

名称	STAR Center	Skunk Works	Missile Assembly Bldg.4	Strike Systems
技术特征	展，具备未来向更多类型卫星的装配测试扩展能力； 高效率装配：能够对卫星部段快速转运	器人化装配； 复料蒙皮全尺寸确定性装配(FSDA)：一次对孔成功率100%，装配速度提升70%，总生产周期缩短 20%～40%	用能力、智能扭矩工具和用于培训及虚拟检查的混合现实技术	

其中，航天事业部在佛罗里达提图斯维尔新建航天器、测试、装配和资源中心(Spacecraft Test Assembly And Resource，STAR Center)数字工厂，用于生产、装配和测试猎户座飞船(Orion)。航空事业部对加利福尼亚帕姆代尔的臭鼬工厂(Skunk Works)进行了升级改造。航天与导弹火控事业部合作，在阿拉巴马考特兰新建用于高超音速打击武器生产的数字工厂(Missile Assembly Bldg.4)。导弹火控事业部在阿拉巴马特洛伊新建用于组装通用空对地防区外导弹(Joint Air-to-Surface Standoff Missile，JASSM)的数字工厂(Strike Systems)。未来三年，该公司计划在数字化工厂方面继续投资 3.3 亿美元。

3. 超距：集群/自主无人系统

集群/自主无人系统的发展，使得人类具备"超视距"作业的能力，显著提升人在开放危险环境、极端科考条件下执行复杂任务的能力与水平。无人系统是指在任务平面上无人驾驶、有动力、可重复使用并可携带载荷完成指定任务的系统，涉及海、陆、空、天等多个军事及民用领域，已成为各国战略重点发展方向。自主控制是无人系统区别于有人系统，实现自主操控和执行各种任务的关键核心，通过智能自主和协同运行能够有效适应复杂的任务需求，显著提升无人系统的自主性和智能化水平。

自主无人系统在动态环境下执行复杂任务面临的主要挑战表现为跨任务协同和跨领域协同两个层面。跨任务协同指的是集群对象围绕感知、交互、协同、决策等不同类型任务进行协作；跨领域协同主要指的是集群系统的动态不确定工作环境，特别是大规模集群在陆、海、空、天等跨领域环境下进行协作。此外，集群自主无人系统如何具备群体智能发育与演进能力，也是本领域面临的前沿性挑战。集群/自主无人系统研究现状如表 1-19 所示。

表 1-19　集群/自主无人系统研究现状

内涵与趋势	技术挑战	核心指标	重要成果	
使得人类具备"超视距"作业的能力，显著提升人在开放危险环境、极端科考条件下执行复杂任务的能力与水平	跨任务协同：感知、交互、协同、决策	协同任务复杂度	NASA、DARPA、美国海军	DARPA 进攻性蜂群使能战术项目、复杂环境中具有弹性能力的机器人自主性项目，NASA 无人机交通管理计划(UAS Traffic Management, UTM)、无人机系统融入国家空域系统(UAS-NAS)计划
	跨领域协同：陆、海、空、天大规模集群协作	集群数量规模		
	群体智能发育与演进			

DARPA 历来重视无人系统对未来军事的重要性，围绕

陆、海、空、天多个领域，部署了无人系统项目，用于提高无人系统在开放环境下的自主任务执行能力。在集群无人系统研究方面，DARPA 部署了进攻性蜂群使能战术(Offensive Swarm-Enabled Tactics，OFFSET)项目，旨在探索未来小型步兵构成的基本战斗单元使用由无人机和地面设备组成的空/地集群无人系统，在复杂的城市环境中执行侦察、搜索目标及打击等多类型战任务。该项目的核心是探索步兵指挥者与空/地集群无人系统的协作能力，尤其是空/地集群无人系统如何能够自动理解步兵指挥官给出的指令，并动态制定战术、自动分工协作，最终完成给定的作战任务。该项目最终的目标是使用至少 250 个无人机或地面设备组成的空/地集群无人系统，在 8 个城市街区自主执行 6 小时的任务。

该项目执行过程中，DARPA 将项目承担者分为系统集成商 (swarm systems integrators) 和项目冲刺者 (swarm sprinters)两类，分别承担不同角色，但又需要紧密配合。

一方面，系统集成商由格鲁曼和雷神公司承担，可以理解为进攻性蜂群使能战术项目的基础资源和服务的提供者，主要负责三类研发任务。首先是项目的基础开发工具，包括开放系统架构、模块接口和基础战术；其次是虚实融合的测试环境，能够对空/地集群无人系统的战术进行部署、测试、监控、优化；最后是构建集群战术的开放社区，项目用户可以上传和共享所开发的集群战术，这些也是项目最终积累的可用于无人系统的各类战术成果。

另一方面，参加项目的各个冲刺者团队，利用系统集成商提供的集成资源和服务，通过多轮测试任务，持续向系统集成商贡献战术，由后者开展集成、丰富完善项目成果的性能。首先，参加项目的冲刺者团队，使用系统集成商所提供的开发工具，通过对空/地混合无人系统的基础行为、基本算法和原子策略进行组合，来设计集群战术；其次，根据 DARPA 公布的不同阶段测试场景，在虚实融合的测试环境中开展战术测试；最后，通过测试的战术将不断积累到战术开放社区，系统集成商将持续集成通过测试的战术，并应用于后续测试活动。

DARPA 于 2016 年 12 月发布进攻性蜂群使能战术初始概念。2017 年 1 月，DARPA 公布了项目跨领域公告(BAA)初稿。进攻性蜂群使能战术项目研究进展分为 3 个阶段，并安排了 6 次测试，重点围绕包括集群战术、集群自主性、人/集群协作、虚拟环境、物理测试床等在内的测试主题展开。目前，3 个阶段、6 次测试已经全部完成，相关情况如表 1-20 所示。

表 1-20　进攻性蜂群使能战术项目概述

阶段	目标	测试	时间	主题	团队
第一阶段	任务类型：封锁目标街区；任务时间：15~30 分钟；作战区域面积：2 个街区；集群数量：50 个	1	2017 年 2 月	确定系统集成商任务和角色	雷神公司、格鲁曼公司
		2	2017 年 11 月	集群自主性：贡献集群的基础能力和算法	卡内基梅隆大学、Corenova 公司、康奈尔大学、赫伦系统公司、密西根理工大学、西门子公司企业技术部、科罗拉多大学博尔德分校和北卡罗来纳大学夏洛特分校

续表

阶段	目标	测试	时间	主题	团队
第二阶段	任务类型：突袭目标街区；任务时间：1～2小时；作战区域面积：4个街区；集群数量：100个	3	2018年10月	人/集群协作；集群战术：提升和贡献集群战术	人/集群协作：凯斯西储大学、查尔斯河分析公司和西北大学；集群战术：卡内基梅隆大学、腾飞科技公司
		4	2019年3月	虚拟环境：虚拟环境中开发综合技术；利用人工智能来发现和学习新的集群战术	虚拟环境：应用物理实验室、密西根理工大学；人工智能应用：卡内基梅隆大学、查尔斯河分析公司、纽约州立大学研究基金会/纽约州立大学布法罗分校、西门子、腾飞科技有限公司
第三阶段	任务类型：清理目标街区；任务时间：4～6小时；作战区域面积：8个街区；集群数量：250个	5	2019年9月	集群物理试验平台：城市环境中的集群实战战术	物理试验平台技术合同：密西根理工大学、应用物理实验室、HDT远征系统公司、哨兵机器人和德州农工大学；集群战术技术合同：密西根理工大学、查尔斯河分析公司、腾飞科技有限公司和西北大学
	任务类型：清理目标街区；任务时间：4～6小时；作战区域面积：8个街区；集群数量：250个	6	2021年12月	雷神公司平台：130架物理无人机和30架模拟无人机；格鲁曼公司平台：174个集群；运行时长：3.5小时，约20分钟内探测到约600个模拟对象	雷神公司、格鲁曼公司

在陆用无人系统方面，DARPA 支持了复杂环境中具有弹性能力的机器人自主性(Robotic Autonomy in Complex Environments with Resiliency，RACER)计划。该计划研究对象为非结构化越野地形使用的无人驾驶战车。其目标是在不考虑传感器限制、车辆机械结构限制和安全性等因素情况下，通过使用全新的自主技术，使得无人驾驶战车的机动性、速度和任务弹性不再受软件算法和处理时间因素的限制，且至少达到有人驾驶或人远程遥控驾驶的同等性能。在研究方式上，该计划强调采用虚拟仿真和先进物理实验平台相结合的方式。

RACER 与传统无人驾驶技术最大不同点在于非道路行驶的无人驾驶，这一领域目前少有研究，相关数据集、模拟实验环境都缺乏；另一方面，虽然美国国防部支持了非路面无人驾驶战车，但均为低速行驶(5m/s 以下)，而RACER 项目强调高速行驶。具体相关指标如表 1-21 所示。

表 1-21　RACER 计划实验对象和技术指标

指标		第一阶段实验	第二阶段实验
		轻型战术全地形车 (lightweight tactical all-terrain vehicles，LTATV)	自动性能演示地面无人车辆 (autonomous performance demonstrator UGV)
实验对象	配置	4轮，阿克曼转向	6轮，零枢轴滑移转向
	质量	1.3 吨	9 吨
	长度	3.6 米	5 米

续表

实验对象	高度	1.5 米	2.5 米
	功率	42 千瓦	150 千瓦
	动力配置	电动换挡CVT 并联混合动力汽车	串联混合动力电动汽车，6 个独立车轮
实验指标	复杂路况、长距离行驶速度	5m/s(18km/h)	8m/s(28.8km/h)
	开放路况、短距离行驶速度	10m/s(36km/h)	20m/s(72km/h)
	平均每公里干预次数	0.5	0.1

水下机器人方面，DARPA 部署了系列化无人潜航器研究，不断突破无人潜航器在水下的极限指标，如超大型无人潜航器猎人(Hunter)项目、超长航程潜航器蝠鲼(Manta Ray)项目、水上无人舰艇"无人舰(NOMARS)"项目、可在无 GPS 导航下航行的垂钓者(Angler)项目等。

第 2 章　我国发展现状

控制/自动化领域始终以"四个面向"为引领，为服务国家重大战略贡献力量。本章紧密围绕"四个面向"，选取国内重要进展进行综述。在"面向国民经济主战场"方面，介绍了智能制造和工业互联网等方面的发展现状；在"面向人民生命健康"方面，介绍了医疗机器人和智能健康与生物信息研究等方面的发展现状；在"面向国家重大需求"方面，重点介绍了工控安全领域的发展现状；在"面向世界科技前沿"方面，介绍了以类人机器人为代表的控制/自动化技术前沿领域的发展现状。

2.1　面向国民经济主战场方面

面向国民经济主战场方面，为智能制造和工业互联网等提供先进绿色工艺、智能自动化技术和系统解决方案。

2.1.1　智能制造

新一代信息通信技术与制造技术融合发展，推动智能制造模式创新。近年来，我国智能制造取得重要进展，持续推动产业数字化转型，以世界经济论坛(World Economic Forum，WEF)发布的灯塔工厂(Lighthouse Factory)为例，2021 年度全球灯塔工厂达到 90 家，中国入选 31 家，全球占比最高,并且我国灯塔工厂数量近两年保持着持续增长,2020 年新增 10 家、2021 年新增 15 家[30]。

2021 年《"十四五"智能制造发展规划》发布[31]。作为"十四五"期间我国智能制造发展的纲领性文件,该规划明确了"十四五"期间我国智能制造发展的指导思想、基本原则、发展路径、发展目标、重点任务和保障措施,并规划了智能制造技术攻关、智能制造示范工厂建设、行业智能化改造升级、智能制造装备创新发展、工业软件突破提升、智能制造标准领航等六大行动。

智能制造由新一代信息通信为代表的使能技术推动,构成了智能制造技术创新的内在动力。同时,智能制造技术在各制造业细分行业落地应用,产生了重要的外在表征技术成果,特别是以工业机器人为代表的新型工业装备,使得智能机器人在工业现场"无所不在"。可以说,各行业的机器人化已成为不可逆转的发展趋势。

为此,本小节介绍了以 5G、云计算平台、知识图谱等为代表的新一代信息通信技术发展现状,同时介绍了智能工业机器人在典型行业创新应用的相关现状。

1. 新一代信息通信技术进展

5G、云计算、人工智能等新一代信息通信技术在制造业不断深化应用,对自动化技术基础体系架构中的现场层、平台层和应用层均产生了重要变革。在自动化系统现场层,5G 实现了现场人、机、料、法、环全要素互联,支撑设备扁平化对等协作;在平台层,以边缘计算为代表的计算模式创新,使得边云协同的新型自动化系统的全局信息集成和处理能力显著提升；在应用层，知识图谱等全新的数据组织和智能计算推理手段，显著提高了控制的预见性和优化决策的智能性。为此，以下围绕上述现场、平台和应用三个层次，介绍了 5G、边云协同计算平台和知识图谱的应用情况。

2021 年，工信部发布了两批"5G+工业互联网"典型应用场景和重点行业实践，累计发布了 20 个典型应用场景、覆盖了 10 个重点行业。与传统有线网络相比，5G 网络具有快速灵活部署的优势，使其更加适用于有线网络难以大面积部署的矿井、野外等开放工业场景。更重要的是，作为变革性技术，5G 具有极强的赋能特征，其与相关技术融合发展，使能了一批全新的 5G 应用模式。第一，5G 与移动边缘计算结合，使得机器学习等负载较高的计算任务可以在工业现场实现，解决了机器学习在工业现场应用的实时性问题，推动视觉检测、故障诊断、预测分析等在工业现场全面落地；第二，5G 解决了视频和 VR/AR 等占用带宽较大的数据实时传输问题，拓展了远程操作、现场辅助装配在工业现场的应用；第三，5G 与数字孪生技术融合，利用其高实时传输特点，实现现场设备与数字孪生模型虚实互动，使得数字孪生由传统产品设计领域拓展至生产运行管控领域；第四，5G 与运动控制融合，使得移动设备的动作和姿态高精度控制成为可能，使能了大规模移动设备协同作业、智能柔性物流等模式。

由于传统"尽力而为"的网络难以满足工业通信对确定性的严苛要求，因此 5G 最终能否在工业领域实现大规模应用，解决低时延通信和确定性传输是关键。此外，芯片成本也是限制 5G 大规模应用的主要挑战。目前，5G 模组价格是 4G 模组价格的 10 倍以上，其中 70%是芯片的成本[32]。

计算平台方面，随着云计算和边缘计算技术的进步，推动了以边云协同为代表的新一代工业自动化系统平台发展，其在开放性、实时性、柔性可重构以及安全性等方面，相比传统面向云计算的工控平台更具优势。

东北大学流程工业综合自动化国家重点实验室研制的边云协同自动化平台采用两层架构，底层为边缘计算使能的工业物联网系统，实现了现场生产全流程全要素数据的采集、集成、存储和管理；上层为云计算使能的生产智能化运行管理决策与控制一体化系统，核心是构建企业工业大数据中心，实现企业数据的统一存储和管理，并基于数字孪生模型，实现全流程全要素可视化监控、设备运行管理与决策、生产运行管理与决策等三大核心功能。

目前，实验室团队已经将该平台应用于电熔镁砂冶炼和矿山选矿过程的智能控制。在电熔镁砂冶炼领域，实现了基于端边云的数字孪生驱动的高性能控制器设计，使得电熔镁砂产量提高 3.4%、能耗降低 6.65%，效益达到 4,291 元/每炉次；同时，实现了基于端边云的工况识别深度学习，相比传统仅依靠视频处理的学习方法，能够更加精准地在线识别工况，最终保证单吨能耗降低 8.82%、优质产品产出率提高 3.65%、电极消耗降低 3.73%。在矿山选矿领域，实验室与罕王矿业合作研发了矿山智能化生产管理决策与控制一体化系统，研制了数据驱动的自适应动态补偿高精度浓度计，实现对选矿矿浆浓度智能检测，相比业内其他

类型的浓度计，误差精度从原有的 5%～10%降低到 1%以
内，满足生产工艺要求，解决选矿浓度实时检测的难题，
使得碱性铁金属回收率提高 0.28%，精矿品位提高 0.2%，
全铁金属回收率提高 4.45%。

知识图谱作为认知智能的使能技术，受到越来越多工
业界与学术界的关注，并在油气开采、农业、电力、智慧
城市等各种行业展现出巨大的应用潜力，这些行业知识图
谱面向具体行业特点，解决了各类不同行业知识如何获取、
表达、传承和深度利用的问题。

北京国双科技有限公司的油气大数据和人工智能平
台，通过知识图谱技术将结构化和非结构化数据中的勘探
开发知识进行分析处理，通过自动识别与标注，构建了油
气行业知识库[33]，相关成果获得 2020 年度吴文俊人工智
能科技进步奖(企业技术创新工程项目)。中国农业大学研
发的农业知识图谱——基于大数据的全国农业科教云平
台，目前已覆盖 3,550 个品种的全息知识图谱库，包含知
识图集超过 1,000 万张、农业知识 200 万条、生产管理模
型 1.2 万个[34]。中国电力科学研究院打造的设备故障分析
知识图谱[35]，知识大脑通过对设备故障案例的挖掘和处
理，可以辅助现场人员加快设备故障处理进度、发现同类
设备潜伏异常或缺陷。海信与南开大学联合开发的城市医
生知识库(城市治理知识图谱)[36]，梳理出拥有 1 万多个指
标的城市综合评价指标体系，能够通过知识推理总结出城
市治理存在的问题，并进一步做系统分析和精细诊断，决
策出解决该问题需要调度的资源、协同的部门，以及应该
如何治理。

2. 智能工业机器人技术进展

作为机器人技术的重要应用领域，制造领域的机器人已从最初的操作型机器人发展到智能型机器人，未来将向共融机器人方向发展，实现机器人化智能制造：以机器人或机器人化装备作为制造执行体，利用机器人灵巧、顺应和共融等优势，并在制造过程中融入人类智慧和知识经验，形成"测量-建模-加工"一体化大闭环的智能制造系统。通过无处不在的机器人、无处不在的传感、无处不在的智能，实现无处不在的制造[37]。

然而，我国发展机器人化智能加工制造，也面临着核心部件自主化供给能力和正向设计能力弱等长期短板，以及前沿方向引领不足和重大行业应用水平不高等问题。为此，以下围绕核心部件正向设计，以及机器人新模式和重大行业应用等方面，介绍了国内相关研究现状。

机器人核心部件正向设计能力方面，2021 年我国在机器人减速器这一核心零部件领域取得自主产品研发重要突破。其中，重庆大学机械传动国家重点实验室王家序教授团队攻克了谐波减速器正向设计分析、测试评价体系的共性关键技术[38]，成功研制出高可靠精密谐波减速器系列化产品，建立了年产 3 万台以上谐波减速器系列产品的生产线，实现了工业机器人核心基础部件的国产化，打破了日本在这一领域的垄断。此外，北京工业大学张跃明教授团队，突破了机器人关节 RV 减速器制造工艺技术，重点解决了减速器齿轮磨损问题，提出了 RV 减速器数学建模、计算机仿真技术及啮合理论，形成了一套完整的摆线齿轮修形技术，较好地解决了精度保持性和寿命这两个困扰国内企业多年的核心技术问题[39]。目前，已经研制出 CRV-E 和 CRV-C 系列共 9 款产品，实现了批量生产，相关产品将实现对国外 RV 减速器产品的替代。

工业机器人重大行业应用方面，机器人已经走出传统工厂空间范围，在更广泛的工业场景实现了规模化应用，真正向"无所不在"迈出重要步伐。特别是在电力、铁路、煤矿等大型工业设施的维护和巡检方面，机器人正在取代人工作业，在效率、成本、安全性方面突破传统人工模式。

南方电网佛山供电局变电管理三所在 220 千伏紫洞变电站首次试用的四足巡检机器人(图 2-1)，解决了传统轮式电力巡检机器人对地形的依赖，显著提高了巡检机器人的地形适应能力，可以平稳通过草地、鹅卵石、减速带等起伏路面，更加贴合变电站的实际应用需求[40]。

图 2-1 南方电网四足巡检机器人

哈尔滨铁路局与哈工大机器人集团研制的机器人控制的减速顶"拆、洗、装"自动化生产线[41]，极大提高车站减速顶维修作业效率和质量，提升技防保安全管理水平，同时有效改善维修人员作业条件,降低作业人员劳动强度。该自动化生产线每小时可完成 15 个左右减速顶滑动油缸的拆解、清洗及组装,将作业效率提高 2~3 倍,原本需要 3~4 名作业人员完成的工作量,现在由 1 人操作该生产线即可完成。

南方电网首艘自主建造的海底电缆综合运维船南电监查 01,具备开展 500 千伏海底电缆高速巡航与低速检测的动力定位能力,其配套搭载水下机器人系统是电力行业首个搭载检声学、光学、电磁检测设备进行海底电缆检测的机器人,可实现海底电缆路由和埋深带电检测,从而最大程度地了解 500 千伏海底电缆的水下运行状况[42]。国家电网青海检修公司应用机器人对带电运行的输电线路开展带电作业[43]。这是该工程投运以来首次带电作业,实现了机器人修补±800 千伏特高压线路地线断股,特别是在海拔 3,000 米以上地区,实现了高海拔地区特高压输电线路带电作业。

国家能源集团神东煤炭技术研究院与上海方酋机器人公司合作研发的移动列车商品煤采样机器人,能够直接从移动列车上随机采取样品,并将取出的煤样送至全封闭自动制样系统,将其制成标准的全水分样,解决了人工作业的不安全因素,减少了采制样人员数量及劳动强度,提高了采制样的准确性[44]。

此外,特种机器人在航天员训练和水下科考等方面,也取得了重要进展。如上海宇航系统工程研究所研制的水下机械臂及其智能控制系统[45],突破了水下特殊环境中,多传感器融合感知、机械臂的路径规划、人机交互和碰撞检测技术,创新性地研制出了国内首台 10 米级水下大作业空间、高可靠性、高安全性水下机械臂,模拟了空间站出舱活动的机械臂转运以及定点作业支持工况,为出舱活动任务工程实验验证和航天员训练提供重要保障。中国科学院沈阳自动化研究所研制的探索 4500 自主水下机器人(图 2-2),成功完成北极高纬度海冰覆盖区的科学考察作业[46],实现了利用自主水下机器人在北极高纬度地区开展近海底科考应用。针对此次北极科考工作区高密集度海冰覆盖给水下机器人布防和回收造成的影响,科研团队创新性地研发了声学遥控和自动导引相融合的冰下回收技术,确保探索 4500 连续下潜成功,并能安全回收。

图 2-2　探索 4500 自主水下机器人

2.1.2　工业互联网

　　工业互联网已上升为国家级创新战略,是国家新基建的重要建设内容,是我国"十四五"制造业数字化转型的重要驱动力。当前,我国以发展工业互联网为抓手,推动各行业数字化转型。特别是工业互联网与数字孪生、5G、人工智能等技术深度融合，推动我国制造业重点领域企业关键工序数控化率、数字化研发设计工具普及率分别由2016 年的 45.7% 和 61.8% 增长至 2020 年的 52.1% 和 73%，实现了产业数字化转型提速升级[47]。

工业互联网推动了全面数字化转型，使得工业控制系统和工业软件发展进入新阶段，呈现出以下几点技术特征。一是融合物联化感知技术。借助物联网获取的实时数据，产品全生命周期的数据通过物联网实现了 IT/OT 融合与集成，能够创造全新的价值。二是融合数字孪生技术。通过数字孪生打通设计制造运维服务，使得设计-制造-运维数据可跨领域追溯。三是聚焦云化部署。云边端多场景部署使得软件供应商由提供软件本身，转变为提供软件服务，用户使用软件、访问服务的模式更为灵活。软件的销售模式也因此发生变革，主流厂商大力推广订阅销售模式。四是聚焦低代码开发。通过低代码开发来降低工业软件开发难度和成本，采用软件灵活配置方式，显著缩短开发周期。

工业控制系统和工业软件两个领域属于我国长期发展短板，工业互联网背景下的全新技术发展趋势，为我国发展自主可控的工业自动化系统和工业软件提供了契机。以下重点介绍 2021 年研发的一批具有自主知识产权的国产工业控制系统和工业软件产品。

工业自动化系统方面，华能清能院自主研发的 100 兆瓦/200 兆瓦时分散控制储能电站正式投运[48]。该分散控制电池储能技术，通过模块化的储能变流器对每个电池簇进行独立的精细化管理，从根本上解决了电池簇在实际运行中容易出现的并联失配、环流内耗等痛点问题，可大幅提高电池储能系统的实际可用率。储能电站整站电池容量使用率可达 92%左右，高于目前业内平均水平 7 个百分点；一次性可充电量 21.2 万千瓦时，能满足约 1,000 户家庭一个月用电，年增加消纳新能源电量 1 亿千瓦时，相当于压减煤炭消费约 3 万吨。

国家能源集团国电内蒙古能源公司与国能智深、中楹青创深度合作，采用边缘计算芯片实现了机组汽动给水泵区域漏气和漏水识别的自动诊断，并可将诊断结果推送至分散控制系统报警盘，实现了国内火电行业工控系统边缘计算装备接入分散控制系统[49]。相比于原有部署于服务器的软件算法，全新的边缘计算方式降低了算力要求，提高了检测速度，通过 TCP/IP 与 MODBUS 协议转换，信号反馈时延小于 60 毫秒，满足高精度工业设备控制时延要求，确保了基于边缘计算的人工智能芯片智能装备接入火电工业控制系统的安全性、可行性。

由新松机器人研制的模块化工厂，成功实现运用同一平台控制各类工业装备。该控制系统采用满足统一标准的交互数据和编程语言，支持生产现场机器人运动控制、机床数控加工、PLC 逻辑控制统一编程，提升整系统的部署和运行效率，支持设备快速模块化重构[50]。

工业软件方面，山大华天研发的基于云架构并拥有自主产权的新一代三维 CAD 系统——CrownCAD[51]，突破了三维 CAD 最核心的两个底层技术，即三维几何建模引擎 DGM、几何约束求解器 DCS。该软件为基于浏览器的在线建模 CAD 软件，支持公有云和私有云部署；尤其是可以在国产芯片和国产操作系统上运行，适合于自主可控要求高的领域；同时具备云存储、云计算、多终端、多人协同设计等优势。

安捷中科的生命周期管理平台以国产化实时数据库为核心[52]，基于虚拟化、容器技术和 DevOps 开发思想，构建了纳秒级内核的工业数字底座，支持"云、边、端"实时数据的采集、存储和计算。同时，积极探索工业互联网背景下的工业软件商业模式创新，以软件服务替代软件授权收取费用，以免授权费模式减低我国工业基础软件使用门槛。

中国电子华大九天 EDA 工具系统，整体可以支持 28nm 工艺制程，部分工具可以支持 14nm 和 7nm 工艺制程。华大九天自主研发的模拟/数模混合设计全流程 EDA 工具系统，成为全球四大模拟 EDA 全流程系统之一，其中电路仿真工具达到国际先进水平，被国外权威媒体评为全球最佳电路仿真工具。

中国建筑科学研究院的建筑 CAD 设计软件 BIMBase 系统，实现建筑信息模型(building information modeling, BIM)关键核心技术自主研发和安全可控，源代码自有率 96.4%，其综合指标已达到国际主流软件的 80%以上。

2.2　面向人民生命健康方面

本节重点介绍以助残机器人为代表的医疗机器人，以及智能健康与生物信息研究等方面，国内相关学者取得的一系列重要突破。

中国科学院沈阳自动化研究所研制的外肌肉机器人[53]，具备高泛化能力的人体运动识别方法，使其具备对人体步频特性具有极高适应性。相较于外骨骼机器人，外肌肉机器人具有更柔性的本体与更精准的辅助方式，能有效促进穿戴者肌肉功能重建。研究人员基于人体相平面与相曲线的概念，利用相曲线的特征相似度不变特性，提出了一种可适应不同受试者、不同步态模式的人体运动类型识别方法，并进一步验证了在下肢运动障碍人群运动功能量化评估方面的应用可行性。同时，结合人体下肢运动的节律特性，构建了一种可快速适应人体步频变化的外肌肉机器人控制系统，以提升机器人对人体步频、运动环境与人机耦合动力学特性等变化的快速适应能力。

上海傅利叶智能科技有限公司研制了包括手功能康复机器人、上下肢主被动训练系统、平衡机能评估与训练系统在内，覆盖人体不同关节与部位的系列化产品[54]。其中，ExoMotus 下肢康复机器人系列产品采用双足机器人模块化结构设计，搭载了自主研发的运动控制器、多维力传感器以及一体化柔性关节电机。其机构训练版 M4 在行走训练过程中可实时提供动态减重，加速下肢功能的恢复进程；个人助行版 H4，实现了机器与智能手表之间的无线通信，可实时调整机器步态参数，配备一体化设计的机器人柔性关节，扭矩密度大幅度提高，为康复机器人提供了澎湃的动力。HandyRehab 单手采用 8 个独立的电机，可以灵活进行复杂的手功能训练。结合肌电生物反馈，可以进行主动、被动、双手镜像等多种训练模式。

智能健康与生物信息研究方面，本领域的一系列研究取得突破，推动了智能技术与生命、健康和医学的融合交叉，实现对生物体的干预和控制，极大地开拓了自动化领域新研究方向。

哈尔滨工业大学仪器科学与工程学院孙金玮教授在意念控制领域取得重要进展，改进并建立了一种脑区最佳通道选择策略，在保证大脑运动意图识别准确性的同时，利用尽可能少的采集通道，以对头脑中的运动想象动作给予准确预测。研究者还探究了不同脑区在执行运动想象任务时的活跃程度，从而为瘫痪病人的日常生活与意图表达提供了更加高效的辅助方式[55]。

同济大学陈义汉院士团队发现谷氨酸递质系统控制心电活动，证明了心房心肌细胞和窦房结起搏细胞存在内源性的谷氨酸递质系统，该系统调节动作电位的产生和传播，可通过控制 iGluR 门控电流直接调节心房心肌细胞的兴奋性和传导性，为心律失常防治带来了新的策略[56]。

中国科学技术大学细胞动力学教育部重点实验室在细胞更新质量控制研究方面取得重要进展[57]。该研究模拟了幽门螺杆菌介导 EB1 巴豆酰化异常对胃上皮细胞更新质量的干预作用，建立了 TIP60 突变基因敲入小鼠，并成功获得了可视化三维胃类器官，开展近生理状态的实时细胞更新质量控制动力学研究。该研究成果阐明了胃上皮细胞更新过程的质量控制机制，为动态干预幽门螺杆菌介导的炎-癌转化与药物学提供了独特的靶向化学生物学技术策略。

2.3 面向国家重大需求方面

随着自动化技术应用的不断深入，网络安全的威胁也在日益增加。自 2015 年起，工控相关设备所暴露的漏洞显著增长，从 2015 年的 1,629 个，到 2019 年上半年已经增长到了 11,542 个[58]。中央明确提出要统筹发展和安全，将网络安全提到前所未有的高度。2021 年 7 月，工信部发布《网络安全产业高质量发展三年行动计划(2021-2023 年)(征求意见稿)》；9 月 1 日，《关键信息基础设施安全保护条例》《网络产品安全漏洞管理规定》正式施行。保障关键信息基础设施安全稳定运行成为经济发展的重中之重，加强工业安全建设势在必行。

长期以来，我国工业控制系统及核心芯片和软件操作系统严重依赖进口，给我国工业基础设施安全运行带来极大隐患。近年来，随着工控系统国产化替代步伐加快，一批具有自主知识产权的国产芯片、核心软件和控制系统陆续应用于工业生产领域，为我国工控安全筑牢根基。本节对 2021 年度一批有影响力的自主工控产品进行了介绍。

山东航天人工智能安全芯片研究院研制的国密算法高抗冲突物联网安全芯片[59]，具有完全自主知识产权、支持国密算法 SM7，有效实现了"防破解、防篡改、防克隆、防窃听、防转移"等五防安全防护作用。其多项指标达到业内领先水平，如单读写器精准识读数量超过 4,000 枚(是目前业界最高水平的 2 倍)，密集型目标识读速度 600 枚/秒(是目前业界最高水平的 3 倍)，2,000 枚目标单次识读成

功率大于 99.9%，10 万次连续稳定精准识读成功率大于
99.99%。

　　南方电网数字电网研究院研发出我国首款基于国产指令集、内核、自主硬件 IP 的国产电力专用主控芯片——伏羲芯片[60](图 2-3)，具备强大的数据处理能力，能够在发生电网故障、出现发电/输电/用电数据雪崩后进行快速处理。伏羲系列芯片基于多核异构系统架构，在一块芯片上既可实现微秒级的实时业务处理，也可完成毫秒级的管理信号处理，与同类进口竞品芯片相比，计算性能方面快约 1.5倍。目前，基于伏羲系列芯片研制的芯片化电力保护装置，体积缩小至传统装置的 1/40，功耗降低至 1/6，动作速度提升了 20%。

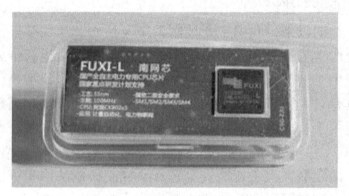

图 2-3　国产电力专用主控芯片——伏羲芯片

　　国家能源集团国电电力研制的芯片级全国产化自主可控智能分散控制系统岸石，基于自主可控的全国产化国能智深 EDPF-iSol 软硬件平台，实现了关键芯片、软件和核心知识产权自主可控。在此基础上，开发了高度开放的优

化运行、建模计算和统计分析环境，构建了具有主动防御、边界防护、集中监管功能的工控系统网络安全架构。

中国长城网信产品自主安全生产线正式建成投产，其运行设备全部为中国长城超御 PLC 控制的计算机生产线[61]。中国长城连续突破了工业软件、工业语言编程编译、嵌入式运行控制系统、现场总线、高可靠控制、工控信息安全防护、专用芯片设计等核心技术，构建了中国长城超御 PLC 可编程工控系统及其产品体系，成功打造出工控领域网信安全底座。该生产线具备年产 30 万台套自主安全台式机、一体机、笔记本电脑、服务器的能力，其产品将进入党政军系统、金融、能源、电信等重点信息化领域，逐步解决我国网信工程配套保障生产线工业控制系统底层安全问题。

国家管网集团华南公司联合和利时自动化有限公司研制基于国产化自主芯片和操作系统的成品油管道数据采集与监视控制(SCADA)系统[62]。该系统可适配工业领域三种主流体系架构 CPU，支持多系统高效协同。系统以核心控制系统内生安全为基础，结合多层次、多维度防护与监控技术，嵌入安全可信芯片，防止恶意程序攻击，实现了可信计算在工业嵌入式控制的突破性应用，构建了核心控制系统的内生安全可信与动态主动防护，满足成品油管道运行操作可靠性高及安全性高的需要。

能源行业软件测试云平台——中能融合能源测试云平台[63]，能够在能源软件上线运行前，对其安全性、稳定性和适用性进行充分测试，为能源企业生产经营正常运转提供基础保障。

国家能源集团龙源中能公司成功研发工控安全自动化核查系统，该系统可快速实现网络安全核查并统计结果，极大提高工作效率，利于电力行业网络安全核查的标准化作业，推动工控网络安全核查的自动化进程[64]。

瑞莱智慧发布人工智能安全靶场 RealRange[65]，提供实战化、体系化的一站式人工智能攻防演练服务支撑，通过预设训练场景模型、对抗攻防实战竞演，帮助政企机构开展安全能力体系检验评估，培育新型安全人才，建设新型人工智能安全防御体系，全面提升人工智能时代新型安全威胁的应对能力。

之江实验室开发的系列化拟态构造工业互联网核心设备，在 54 小时内接受了 95 万次高强度攻击，成功通过安全攻击测试[66]。与 3 款全球主流商用工控系统对比，攻击测试过程中 3 款系统被多次攻破，而拟态工业控制系统即使让出部分控制权、提供设置后门或注入病毒木马等攻击代码的便利，仍可发现所有攻击并能实现有效防御。

2.4　面向世界科技前沿方面

面向世界科技前沿方面，以类人机器人为代表的前沿领域取得突破，推动技术应用领域进步的同时，也拓展并引领了控制与自动化学科实现知识自动化的新方向。类人机器人研究，通过从内向外地模拟人体的视觉、决策、运动等神经机制和结构，建立受人启发的机器人软硬件系统是一种提高现有机器人性能的很有潜力的发展方向。围绕机器人如何更好地模仿人的能力这一研究主题，本节分别从机器人模仿人的空间感知能力、模仿人的运动能力、模仿人的学习能力等方面，对相关研究现状进行了综述。

机器人模仿人的空间感知能力研究方面，中国航天科工集团二院二部研制的四足机器人智能感知系统[67]，解决了四足机器人运动过程中机身剧烈起伏振动对视觉感知的影响，实现自主定位与三维语义地图构建功能，构图实时性达每秒 20 帧，地图分辨率精度达到厘米级，使得四足机器人具备自主定位与地图构建功能，能在 1 分钟内对 1,000 平方米区域进行地图构建，具有较高的智能化与实用化水准。

机器人模仿人的运动能力研究方面，针对工业环境巡检、警用排爆侦测、医疗防疫陪护等特种作业场景，三一重工与北方车辆研究所合作研制开发了轻型仿生四足机器人[68]。该四足机器人搭载"臂-足-眼-脑"协同和"力-位"双控为技术特征的仿生机器人平台，可实现负重 10～30 千克越野行走，可模拟行走、小跑、溜步、跳跃、奔跑、匍匐等多模态运动能力。

中国科学院沈阳自动化研究所研发的仿水黾微型机器人可在红外光与磁场的联合驱动下，实现可编程多模态运动[69]。研究团队结合微型机器人的光敏特性，利用红外激光实现了微型机器人在水面的可控运动；基于磁驱动技术与材料的超疏水特性，实现了微型机器人在水面的快速游动、跳跃及翻滚动作。

天津大学材料学院研发了一种具备自主行动能力和触觉应变的 4D 打印软体机器人，该机器人在一次打印成型后即具有热致无约束滚动能力，不需任何其他后续加工程序。

　　机器人模仿人的学习能力研究方面，浙江大学提出了人工智能加强式学习方案，并应用于绝影四足机器人[70]。该学习方案基于多专家学习架构(MELA)，使得绝影四足机器人掌握自行应对陌生情况的技能。该方法首先构建具有站立平衡、大步小跑、左转、姿势控制、摔倒后翻正、小步小跑、侧滚和右转等 8 种算法"专家"的学习体系；然后，使用深度神经网络来训练机器狗的计算机模型以实现一个特定技能。该方法使得四足机器人像人类一样学习，使其能够实时组合其灵巧和自适应的技能，来处理它从未见过的各种不同任务。

第3章 我国未来展望

结合前述控制与自动化学科全球发展态势和我国发展现状，我国未来应以知识自动化这一学科领域在第四次工业革命的全新任务为基础，围绕工业互联网、人工智能等领域发展新方向，面向我国经济社会发展和国家重大战略需求，发展基于新一代信息技术的工业智能化管控系统，包括研究以工业人工智能算法为代表的全新工业智能算法，研发以两层结构的决策与控制一体化系统为代表的全新智能化管控系统。

3.1 研究全新的工业人工智能算法

针对经典人工智能算法的局限，工业人工智能算法主要研究复杂工业动态系统的人工智能问题，其核心是研究复杂工业动态系统建模方法、运行优化控制算法，以及多层次、多冲突目标优化决策算法。显然，工业人工智能算法是经典人工智能算法与工业自动化算法的融合互补，包括工业系统的数字孪生、运行工况智能感知与识别、生产要素预测与回溯、自优化控制、高性能控制、人机互动与协作的智能优化决策、智能优化决策与控制一体化等。

从工业人工智能算法的研究目标、应用对象和范围划分，可以总结为两大类：一类研究目标为实现智能生产系统集成，面向企业内部生产管控的决策与控制集成优化算法；另一类研究目标为实现产品全生命周期集成，面向参与生命周期多个阶段的跨企业智能优化算法。

因此，我国应重点围绕"面向生产系统集成的决策与控制一体化优化算法"和"面向产品全生命周期集成的跨企业智能优化算法"，发展全新的工业人工智能算法。

3.1.1　面向生产系统集成的决策与控制一体化优化算法

面向生产系统集成的决策与控制一体化优化算法包括以下三个层面。

1. 设备运行管理与控制一体化集成优化算法

该算法旨在实现生产条件和设备运行状态智能感知和工况识别，以设备安全优化运行为目标，自适应决策控制系统指令，在频繁干扰和工况变化的情况下，使得控制系统仍然能够很好地跟踪控制指令，保证设备安全可靠优化运行。

2. 生产全流程运行管理与控制一体化集成优化算法

该算法旨在获取生产全流程多单元运行状态信息，以生产指标优化为目标，优化决策各工业过程智能自主控制系统的运行指标，使得生产全流程中各工业过程的智能自主控制系统随决策指令协同运行，实现生产全流程运行管理与控制一体化集成。

3. 企业资源计划、生产计划与调度和运行管理与控制一体化集成优化算法

该算法利用工业互联网对市场信息、生产条件实时感知，智能感知物质流、能源流和信息流的状况，自主学习和主动响应，以企业全局优化为目标，自适应优化决策企业综合生产指标、全流程生产指标和运行指标；智能自主控制系统根据优化决策的运行指标协同运行，实现企业资源计划、生产计划与调度和运行管理与控制一体化集成。

3.1.2 面向产品全生命周期集成的跨企业智能优化算法

面向产品全生命周期智能优化制造将市场需求、产品与工艺设计、原材料供应、资源计划、生产过程管理与控制、产品销售与服务所涉及的企业集成，实现价值链内上下游企业集成与共享采购、设计、生产、销售等信息。以产品全生命周期全过程中的产品质量优化、原材料成本和运输成本最小等为目标将订单信息、工艺设计任务、制造任务等在不同地域、不同规模的企业之间动态配置与协同优化。具体包括：面向规模定制的需求识别与预测、供应链和生产计划协同优化，面向新产品工艺设计的协同优化，基于产品使用过程质量分析的生产工艺智能优化等。

1. 面向规模定制的需求识别与预测、供应链和生产计划协同优化算法

(1) 面向规模定制的需求识别与预测算法

该算法针对制造企业面向个性化用户组织大规模的批量生产的需求，通过对市场信息和用户历史数据的分析实现用户需求识别和预测，并将分散的用户需求根据产品属性合并，确定组织生产所需采购的原料。

(2) 面向库存最小和用户需求动态响应的供应链集成优化算法

该算法将供货企业、制造企业和用户企业供应链集成优化。

① 原料供货企业实时感知与预测制造企业的生产需求，按需安排生产、送货，实现供货企业与制造企业之间协同的准时生产模式，供货企业精准满足生产需求，推动少库存和零库存，降低制造企业的库存成本。

② 制造企业以满足用户需求、采购成本与生产成本和库存最优化等为目标确定物流计划和原料采购计划，以及确定执行生产任务的生产线。同时，制造企业向用户企业开放订单进展情况和生产全过程运行状态，实现全过程的质量管理。

③ 用户企业通过电商平台实时发布需求信息，制造企业按需生产，并快速响应用户动态变化的需求，准时交付订单。

(3) 需求识别和预测与企业资源计划和生产计划协同优化算法

该算法旨在将用户需求与资源计划、合同排产、计划排程一体化协同。

① 在资源计划方面，该算法根据用户需求对多制造基地、工序、机组产能进行综合平衡，消解物流冲突和产销矛盾，指导接单和交期应答，实现各制造企业整体产销协同优化。

② 在合同排产方面，该算法通过用户需求与加工途径优化、成本约束、能耗约束、设备状态约束和批量效益平

衡，给出优化的合同排产策略。

③ 在计划排程方面，该算法根据用户动态变化的需求，通过数字孪生模型支持作业变化条件下的实时优化和动态响应，根据库存和生产进度及时调整生产计划与调度方案。

2. 面向新产品工艺设计的协同优化算法

基于专业化工业互联网平台的新产品工艺设计，采用并行工作的方式进行全球化异地联合设计。与历史相似或同类产品共享产品工艺设计经验库，根据历史工艺设计数据和新产品需求，建立新产品工艺设计方案，包括：工艺配方、生产方式、工艺路径和工艺参数，并且将工艺设计与供货企业原料供应、制造企业生产计划协同优化；建立面向工艺设计的数字孪生模型，通过数字孪生驱动的虚拟实验替代工业现场实验，评估新产品工艺设计的成本、周期和产品质量，以人机互动方式迭代更新优化工艺设计方案。

3. 基于产品使用过程质量分析的生产工艺智能优化算法

产品服务智能化的核心是满足用户对产品质量的要求，利用工业互联网平台与现实和潜在用户展开一对一、一对多的双向信息交流与共享，实时获取用户企业对产品的需求和产品使用过程的质量信息，感知原料信息与生产过程信息，分析和回溯质量异常原因，通过人机互动智能决策，优化生产工艺流程，使产品质量满足客户需求。

3.2　研发全新的智能化管控系统

　　未来全新的智能化管理和控制系统，将围绕全领域、全流程的管理决策和运行控制需求，实现以智能优化决策和智能自主控制为特征的系统智能运行管控新模式。

　　为此，智能化管控系统，一方面将操作者的知识工作变得自动化，将控制系统和制造过程转变为智能自主控制系统；另一方面，使企业管理者和生产管理者的知识工作智能化，将决策系统转变为人机合作的智能管理决策系统。最终，将传统控制系统的多层次管控结构，转变为人机合作的管理与决策智能化系统和智能自主控制系统两层结构，如图 3-1 所示。

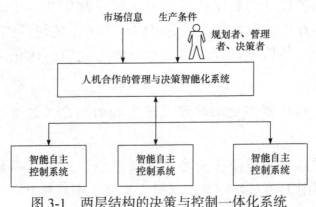

图 3-1　两层结构的决策与控制一体化系统

3.2.1　人机合作的管理与决策智能化系统

　　该系统能够主动感知市场信息、生产情况和制造过程的实时运行状况；以企业高效化与绿色化为目标，实现企业综合生产指标、计划调度指标、制造生产全流程生产指标、运行指标、生产指标、控制指令的综合优化决策；实现对决策过程动态性能的远程移动可视化监控；通过自学习和自优化决策，实现人与智能优化决策系统之间的协同，使决策者能在动态变化的环境中准确优化决策。

该系统的核心是基于数字孪生实现人机合作的决策过程：首先，通过感知监控和识别系统，将物理制造过程和对象映射到信息空间，形成数字孪生模型；其次，在信息空间，基于数字孪生模型仿真计算，对感知的数据进行可视化分析、预测、回溯和分析；最后，基于数据分析结果，实现基于人机交互的优化决策。

上述基于数字孪生的人机交互决策方法，应用于设备管控、智能产品、能耗物耗和碳排放等重要领域，未来我国应重点发展设备远程移动可视化监控和智能运维管理与决策系统，产品质量分析、预测与回溯和决策一体化系统，能耗物耗动态监控、预测、回溯及能源与生产协同优化系统，碳排放动态监控、预测、回溯与优化决策系统等。

1. 设备远程移动可视化监控和智能运维管理与决策系统

工业互联网驱动实现设备使用者对设备工况远程移动监控、可视化分析和运维决策一体化和设备生产厂商对售后设备远程运维服务，如图 3-2 所示。

(1) 设备运行状况智能感知与识别

通过工业互联网实时采集设备温度、声音、振动、油液等状态数据，设备履历的文本记录，以及人员操控行为

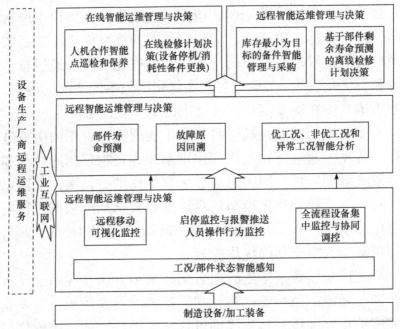

图 3-2　设备远程移动可视化监控和智能运维管理与决策系统

记录与视频等多源异构信息,设备使用者智能感知与识别设备运行状况,实现数据驱动的全流程设备远程集中实时监控和设备健康状态识别[71][72], 掌控设备的运转率、完好率,减少设备连锁损坏、空转与非计划停机。设备生产厂家对售后设备运行状况智能感知与识别,进行远程运维服务。

(2) 设备运行工况数字孪生、可视化分析与识别、预测与回溯

汇聚运行工况相关的设备历史运行和操作数据,建立设备运行工况数字孪生模型以及运行工况识别的信息物理系统[73],实现数字孪生驱动的设备运行工况可视化分析与识别、预测与回溯(正常优工况、正常非优工况和异常

工况)[74]。

(3) 设备在线与远程智能运维管理与决策

以设备安全和优化运行为目标，在设备运行状况智能感知与识别和设备运行工况数字孪生、可视化分析与识别、预测与回溯的基础上，生产企业实现人机合作的智能巡检，设备停机、消耗性备件更换决策等，具体是：利用移动终端、地理信息和设备履历信息，自动推送待检设备；建立移动终端自录入的巡检业务系统，运用移动终端来减少设备诊断流程及现场设备运行管理；建立智能化喷注润滑系统；基于增强现实技术的智能点检与保养。设备生产厂商通过跨企业工业互联网实现远程智能运维管理与决策，根据设备运行工况或负荷等量化部件劣化程度，预测剩余寿命，实现视情维护；利用设备剩余寿命信息，设备运维管理部门与采购部门联动来实现以保障生产和库存最小为目标的离线检修计划决策和备件管理智能决策。

2. 产品质量分析、预测与回溯和决策一体化系统

工业互联网驱动产品质量数据采集、数字孪生、可视化监控与分析、预测与回溯和决策一体化如图 3-3 所示。

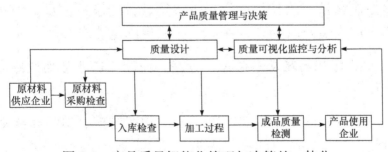

图 3-3　产品质量智能化管理与决策的一体化

(1) 产品质量相关信息的感知、采集和处理

通过工业互联网汇聚包括质量检测数据、设备控制参数、物料信息、订单生产进度、岗位操作视频监控和供应链物流数据等多源异构数据，并获取供货商标签来对供货商原料进行管控。

(2) 产品质量数字孪生、可视化分析、预测与回溯

汇聚产品质量相关的可见光图像、光谱图像、质量检测数据、设备控制参数等数据进行产品质量数字孪生，实现产品质量缺陷可视化分析和在线检测。对影响产品质量指标的因素进行分析，通过质量智能预测，提前掌握工序质量指标和变化趋势。对生产全流程质量数据、原料供应商质量信息和售后产品质量管理信息等及时进行查询和关联分析，跟踪产品在其生命周期中流转的全过程，当发现产品质量异常或物料质量异常时，采用数据驱动的贡献图和重构等方法进行快速正向、反向回溯来实现采、销、生产中的缺陷定位及原因分析，包括产品生产线信息回溯、产品工序质检人员回溯。

(3) 产品质量异常处理智能决策

产品质量发生异常变化或预测出异常趋势时，进行调整控制参数、维护生产设备等决策，推送决策信息，使相关生产人员及时处理，保证产品质量满足要求。

3. 能耗物耗动态监控、预测、回溯及能源与生产协同优化系统

工业互联网驱动能耗物耗实时动态监控、预测和异常回溯，并与生产协同优化决策。

(1) 能耗物耗智能感知与动态监控

利用工业大数据和企业生产全流程运行态势智能感知设备的启停状态及能耗，对能耗物耗相关数据自动进行分类与标记索引，智能化分析各个生产环节中能耗物耗的实时状态。通过对设备运行数据、能耗物耗数据的全面采集和分析，建立典型设备的状态分析和效能分析的性能模型。

(2) 能耗物耗智能分析、预测与异常回溯

针对生产过程反映单位产品能源利用效率的指标——单吨能耗，将机理分析与机器学习相结合，建立单吨能耗数字孪生模型，实现单吨能耗可视化监控与分析和终点预报。当实际单吨能耗指标不能满足要求时，基于数字孪生驱动的预测与回溯和智能优化决策算法进行能耗超限原因分析、生产瓶颈定位与异常溯源和智能优化决策。

(3) 能耗管控与生产管控的协同优化决策

目前生产管理与控制和能耗管理与控制采用不同的系统分别进行。例如，耗能超限，能耗管控系统采用停机等手段保证用电量符合要求，造成不必要的停机和损耗。利用工业互联网，实现能耗管控与生产管控的协同优化，在满足企业总能耗和产品交货期要求的前提下优化不同耗能设备的能源分配和计划排产，例如在对能耗物耗精准分析的基础上，以满足产品交货期、生产能耗、产品质量与产量等优化为目标，制定生产计划；监控与预测当前单元设备能耗，与本企业其他产线或其他单元生产联动，实现生产节奏的节能优化。

4. 碳排放动态监控、预测、回溯与优化决策系统

目前，企业碳排放统计的方式为年度碳排放报告，工业互联网驱动碳排放实时监控、分析、预测、回溯与协同优化决策。

(1) 碳排放智能感知与动态监控

利用工业互联网动态感知生产全流程运行态势，采集碳排放相关数据(CO_2 排放量、SO_2 排放量、CO 排放量等)，对其进行自动分类与标记索引，实现大数据驱动的各个生产环节中碳排放的可视化监控。

(2) 生产全流程碳排放智能分析、预测与异常回溯

在大数据驱动的各生产环节中碳排放可视化监控的基础上，计算与分析生产过程单位产品的碳排放量，预测碳排放量变化趋势，回溯碳排放量超限原因。经济效益指标和碳排放指标协同优化决策。以实现经济指标和碳排放指标目标值优化为目标，优化生产链与供应链，实现能源分配和物资调配、生产计划与调度的智能协同优化决策。

3.2.2　智能自主控制系统

智能自主控制系统能够智能感知生产条件的动态变化，对控制系统的设定值进行自适应决策，实时远程监控和移动监控，预测和排除异常运行工况，使系统安全、优化运行，配合构成整个生产过程的其他工业过程的智能自主控制系统，实现整个生产过程的全局优化。

未来，我国应围绕智能自主控制系统，重点发展智能感知与工况识别系统、高性能智能自主系统、全流程多工序协同优化控制系统、远程移动可视化监控系统、增强操

作人员能力的人工智能系统。

1. 智能感知与工况识别系统

该系统利用工业互联网将人工化验相关的控制系统输入输出数据、反映运行工况的音视频等多源异构工业大数据汇聚，采用工业人工智能技术，实现人工化验的工艺参数实时预测和运行工况智能感知、预测和异常工况溯源。

2. 高性能智能自主系统

通过大数据驱动的智能感知与工况识别系统，智能感知生产条件变化，自适应决策控制回路设定值，使回路输出跟踪设定值，实现运行指标的优化控制；对运行工况进行实时可视化监控，及时预测异常工况；当异常工况出现时，通过自愈控制和自优化控制排除异常工况，实现安全优化运行。

3. 全流程多工序协同优化控制系统

通过智能感知与协同优化控制系统发展全流程多工序协同优化控制系统，通过智能感知与预测多工序的运行指标(表征产品质量、产量、消耗、成本、排放的工艺参数)实际值，自适应优化决策各生产单元的运行指标目标值，使生产单元的自动化系统跟踪运行指标目标值，自主学习与自优化，实现全流程多工序协同优化控制。

4. 远程移动可视化监控系统

通过工业互联网采集工业大数据，实现生产过程要素的数字孪生、可视化监控、预测与回溯，实现控制系统性

能的可视化监控，解决传统的生产过程监控系统采用
PLC/DCS 控制系统，操作人员只能在控制室对生产过程的
控制信息进行监控的问题。操作者和专业人员无须亲临环
境恶劣的工业现场，随时随地通过其他终端，如智能手机，
远程监控和操作工业过程控制系统，实现无人值守和移
动决策。同时，方便地利用本地和云端的高性能软硬件
资源对生产过程进行优化、控制与决策，保障其运行安
全和优化。

5. 增强操作人员能力的人工智能系统

通过工业互联网对操作行为和决策行为进行智能视频
监控和回溯，人机交互，增强操作人员的能力，如装配员
工操作和质检员产品质量检测等人机交互的工作指导，操
作人员的安全操作行为和上岗资质监控，解决流程制造中
仍存在大量需要人工操作和人工决策的环节(比如装配操
作和工艺参数决策、质量检测和故障处理)，来提高操作效
率和保证操作质量。

第 4 章　我国热点亮点

4.1　天问一号火星着陆控制技术方案实现全自主火星软着陆制导导航与控制

2021 年 5 月 15 日，天问一号着陆巡视器成功着陆于火星乌托邦平原南部预选着陆区，中国首次火星探测任务着陆火星取得圆满成功。

中国空间技术研究院天问一号火星着陆控制技术团队研制的天问一号全自主火星软着陆制导导航与控制系统，圆满实现了天问一号首次火星探测任务的进入、下降、着陆过程的制导、导航与控制(Guidance Navigation Control, GNC)分系统各项功能任务和技术指标要求，在我国首次火星着陆任务中发挥了核心关键作用。

天问一号火星着陆控制技术团队创新性地提出多约束进入下降着陆自适应轨迹规划与制导技术、高动态着陆多源融合高容错自主导航技术、大干扰着陆姿态快速机动鲁棒控制技术，解决了着陆过程不确定性强、动作冲击频繁、时变干扰力矩大、目标姿态变化快等难题，实现了开伞状态优化控制、高容错自主导航和姿态机动控制。同时，研制了具有自主管理与重构能力的下降着陆制导、导航与控制系统，解决了复杂火星环境下的信号高容错管理、动作高可靠容错触发、抗冲击设计和多冗余避障等难题，并提出了相应的高置信度评估验证方法。

4.2 多款机器人集中亮相北京冬奥会，成为"科技冬奥"标志性成果

　　服务机器人方面，将近 90 款机器人报名竞标北京冬奥会和冬残奥会服务，最终 11 款机器人中标。这些机器人在冬奥村和冬残奥村、冬奥签约酒店、定点医院等地进行集中示范，打造全流程服务型智能机器人应用示范新模式。

　　上述智能服务机器人在多个服务场景实现了成功应用，包括餐厅服务机器人、多舱送物机器人、多语种翻译与迎宾机器人、智能导览服务机器人、保洁机器人、垃圾收运机器人等。这些服务机器人提供的无接触式服务，为冬奥会疫情防控做出重要贡献，赢得广泛好评。

　　此外，智能特种机器人也在安保检查、移动巡检和火炬传递过程中发挥了重要作用。2022 年 2 月 2 日的北京冬奥会火炬传递过程中，一台水陆两栖机器人"手擎"燃烧的火炬，在北京冬奥公园缓缓潜入水中，与水下变结构机器人完成奥运史上首次机器人与机器人之间的水下火炬传递。该机器人系统由中国科学院沈阳自动化研究所研制，突破了冰水跨介质高适应性运动控制、复杂流场扰动的水下动态对准、水下机器人-机械臂精准作业等关键技术，圆满完成了北京 2022 年冬奥会机器人水下火炬传递。

4.3　多项自动化领域创新成果应用于疫情防控，助力精准抗疫

中国自动化学会理事长郑南宁院士所带领的西安交通大学人工智能与机器人研究所团队，开展"应用人工智能分析和预测疫情的发展和传播规律"研究，发布疫情发展预测分析报告，对多个城市的疫情发展做出了精准预测。该团队提出的基于疫情数据的改进易感者、感病者、康复者(susceptible, infected, and resistant，SIR)传染病模型，充分考虑防控措施、关联新闻报道、人口迁移等因素对疾病传播的影响，综合分析各种因素与传染率的关联性。模型利用预训练自然语言处理模型提取全国和各省市的新闻信息特征，结合长短期记忆网络模型，实现疫情的发展与趋势的分析和预测，为疫情数据分析和预测提供新的思路。该团队对西安疫情的发展做出了精准预测，预测误差率仅为约 0.002。该模型自 2020 年 1 月提出，目前已成功预测武汉、湖南、浙江、北京、上海等地出现的疫情发展趋势。

此外，国内一批医疗机器人厂商推出核酸采样机器人，在常态化疫情防控对核酸采样需求激增的背景下，为大规模、低成本、高效率核酸采样探索了技术实现新途径。

目前，国内已有至少 10 家研究院及公司公布了全自动核酸采样机器人产品，如中科新松的"多可便民核酸采样亭"、上海人工智能产业研究院的"赛瑞"智能核酸采样车、中国科学院沈阳自动化研究所的"灵采"核酸采样机器人、北京博奥晶典生物技术有限公司的"轻骑兵"新冠

病毒核酸检测移动实验室、杭州湖西云百生科技有限公司的"鹏程青耕"全流程自动化鼻咽拭子采样机器人等。

目前机器人在采样速度和灵活性等指标方面尚难以与熟练的医护人员相比,但在降低感染风险、分担医护劳动强度方面具有独特优势。特别是考虑到常态化核酸检测的实施,核酸采样机器人的潜在成本优势也在逐步体现。

多家核酸采样机器人厂商也积极利用核酸检测应用场景增多的契机,不断迭代升级产品,使得智能性、效率、安全性不断提高和丰富。例如,2020 年 3 月,中国科学院沈阳自动化研究所联合广州医科大学附属第一医院完成了智能化机器人咽拭子采样的解决方案,并在沈阳进行了试采样;2021 年 1 月,第二代"灵采"核酸采样机器人在沈阳全员核酸检测中亮相;2022 年 6 月中旬,贵州省首台"灵采"核酸采样机器人在毕节市第三人民医院投入使用。实现了由开放环境到封闭安全环境,由医护人员远程操作到全程无需人工干预的转变。

4.4　以仿生、特种和医疗为代表的高性能作业机器人取得了一批突破性成果

仿生机器人方面,2021 年 3 月 3 日《自然》杂志刊登的一项研究成果描述了一个能探测深海的自我驱动的柔性机器人,我国软体机器人成功挑战马里亚纳海沟。在测试中,该机器人成功坐底马里亚纳海沟。受深海生物特性的启发,中国研究团队开发了一种能用于深海探测的无线自供能软体机器人,他们通过在马里亚纳海沟最深 10,900 米

处和南海最深 3,224 米处进行实际测试，验证了这种机器
人具有极好的耐压和游泳性能。该项成果入选 2021 年中
国科学十大进展之一。

　　医疗机器人方面，由中国自主研发制造的 TRex-RS 手
术机器人为一名重度髋关节发育不良的患者实施了全球首
例全髋关节置换手术。该例手术中，医疗团队利用术前智
能手术规划技术，采用 CT 进行 3D 的智能建模，为患者制
定个性化的手术方案；在手术进行过程中，TRex-RS 手术
机器人支持术中动态调整，最大程度地将髋关节手术推向
精准化、个性化。机器人极大降低了患者由精准化问题造
成的术后两腿长度不一、关节脱位、假体松动等情况的发
生率，让手术更加安全，加速患者的术后康复，延长关节
假体使用时间，减少关节返修率。手术整体执行精确达到
0.7 毫米，取得了髋关节置换手术的重要进展[75]。

　　特种机器人方面，2021 年 10 月，海斗一号再探马里
亚纳海沟，在万米海底工作的航时、航程以及连续坐底工
作时间等多项技术指标取得重要突破，首次在国际上实现
对马里亚纳海沟挑战者深渊西部凹陷区进行大范围、全覆
盖巡航探测。探索 4500 在中国第 12 次北极科考中，成功
完成北极高纬度海冰覆盖区科考任务。这是我国首次利用
自主水下机器人在北极高纬度地区开展近海底科考应用，
其成功下潜为北极环境调查研究提供了一种新的探测手
段，将为我国深度参与北极环境保护提供重要的科学支撑。
研发团队解决了北极冰川覆盖、高纬度导航误差和风场洋
流干扰等一系列不利作业因素难题，提出了声学遥控及自
动导引相融合的回收技术和基于历史数据的多源信息融合

故障诊断方法，研制了基于格网系的组合导航系统，实现了水下自主导航、高效率布防与回收、故障自诊断及应急自主处理。

4.5　一批柔性制造装备应用于复杂产品加工制造，推动批量定制生产模式转型

航天科工二院研制的小卫星智能生产线，实现了卫星批量生产模式创新。该生产线采用了智能制造先进技术，实现生产过程中的精准感知、关键工序质量实施控制等功能，可满足 1 吨以下小卫星年产 240 颗总装集成测试的需求，具有柔性智能化、数字孪生、云制造等典型特征。卫星柔性生产线投产后，小卫星的生产效率将提高 40%以上，单星生产周期将缩短 80%以上，人员生产效率将提升 10 倍以上。

由天津大学和天津中屹铭科技有限公司联合开发的跨尺度多材质铸造件智能加工机器人，主要针对铸造产业中的各项切磨加工要求，目前已研制出了 3 个系列 10 种规格的并联加工机器人产品，解决了多家企业铸造件高效高质量磨切一体加工的难题。该技术在机构发明与性能设计的基础理论上有所突破，解决了串联磨削机器人刚度不高、切磨机床灵活性不足的难题，从技术和设施层面实现了铸造件复杂形貌自识别、工艺参数自调整、主轴负载自感知和定位误差自补偿的智能磨切加工。

无锡中车时代联合上海电气发电机厂、华中科大无锡研究院、上海鼎格公司联合研制的大型汽轮发电机转子线

圈智能制造生产线，解决了转子线圈生产中存在手工作业多、劳动强度高、生产效率低、自动化程度低等难题，突破自动识别与柔性抓取、在线视觉检测系统、基于机器学习的预测分析以及数字化生产管理系统等 5 项关键技术，完成转子线圈制造国产高端成套装备的研制应用，实现了生产的全自动化、各工位设备数字化以及与流水线式的物流系统融合集成，仅需一人操作。

4.6　自动化重大工程应用于传统高耗能行业，取得经济效益、节能减排和自主可控突破

大唐南京发电厂 2 号机组 660MW 超超临界燃煤机，采用国内全新一代自主可控智能分散控制系统 NT6000 V5，实现国内超超临界机组 DCS、DEH、ETS、MEH、METS 系统一次性全国产化完整替代。改造后进一步提升我国发电领域集散控制系统的安全可靠性和智能化水平，实现发电领域核心控制系统卡脖子问题的破局。

国电双维内蒙古上海庙能源有限公司 2X1050MW 燃煤发电机组，采用"岸石"分散控制系统软件硬件实现全面国产化，实现全国产化控制系统在百万千瓦超超临界哈汽汽轮机控制的应用，并应用国产现场总线设备和技术。"岸石"系统硬件平台包含控制系统的控制器、I/O 卡件、交换机、上位机、工作站、服务器、显示器等所有电子元器件、芯片，软件平台包含操作系统、DCS 控制器软件，实现了关键芯片、软件和核心知识产权全面自主可控。

大唐洛河 600MW 机组集散控制系统改造项目，采用

全国产化的和利时 MACS ICDCS 系统,摆脱了国内工控系统核心技术对国外的依赖,解决了传统的工控安全应用领域供应链安全、信息安全、功能安全、本质安全等问题,实现了大型工业控制系统的全国产化升级改造,提升了我国发电领域 DCS 控制系统的技术水平,对保障国家能源安全具有重要意义。

马钢股份第四钢轧总厂 2250 热轧生产线,是目前国内钢铁行业热轧产线智慧工厂首例双线双智控项目,两条产线远程集控率达到 95%以上,创造了面向操维与运管双协同的岗位新模式。岗位的变革和融合促进了减员增效,提高了岗位间的沟通效率。2021 年全年两线产量为 935.34 万吨,相比实施前增加 73.58 万吨,热轧工序能耗从 55.35 千克标准煤/吨降低到 48.76 千克标准煤/吨,操作台集中指数实现 100%集中,机旁无人化指数提升到 79%。

第 5 章　领域年度热词

5.1　热词一：超级自动化

企业对于增长、数字化和运行效率的关注日益增强，引发了对更好、更大范围自动化的需求。超级自动化由此产生，它是一种业务驱动的方式，用于将尽可能多的管理业务和 IT 业务流程实现自动化。为实现这一目标，超级自动化集成了一系列技术，包括流程自动化、低代码平台和流程挖掘工具等。

比如，某家全球化的油气公司，正在组织实施 14 个并行的超级自动化计划。这些计划包括目标任务自动化，将超过 90 个不同领域实现业务自动化，包括智能文件处理、地理信息和海洋原油钻取操作等。

据 Gartner 预测，到 2024 年对超级自动化的支出将使得总体拥有成本增加 40 倍，使得自适应的治理，成为判别公司表现业绩的重要差异化因素。

5.2　热词二：无代码/低代码平台

虽然大多数企业意识到数据和人工智能的重要性，但是企业在数据驱动型过程中仍面临很多问题。比如，将人工智能模型整合到商业应用程序中就需要将近 8 个月的时间。无代码/低代码平台由此应运而生，帮助包括"平民开发者"等非专业人士在内的更多人迎接数据和人工智能带来的挑战。

这些开发者并非专业程序员，是公司的业务员工，他们可以在公司内部开发新的业务应用程序，以供其他员工使用。未来，几乎只要是有一点技术知识的任何人都可以进行软件开发，无代码/低代码工具可以将普通的业务用户积极地转变为平台开发者。

5.3 热词三：边缘人工智能

5G、人工智能和网络安全需要相互配合才能实现更广泛的渗透。来自工厂和自动驾驶车辆的物联网端点的数据将引发一场数据海啸。

边缘人工智能和联合学习正在奋力迎接这些挑战，在不共享数据集和侵犯隐私的情况下，在本地和集中数据集上训练模型。随着扩展检测和响应、安全信息和事件管理以及安全协调、自动化和响应的兴起，再加上智能运维管理平台，基于边缘人工智能的安全技术将在处理应用程序和数据分布方面发挥至关重要的作用。

5.4 热词四：数据编织

虽然数据价值已经成为业界共识，但是很多时候数据仍然散落和封闭在产生数据的应用内，这严重阻碍了数据的高效利用。数据编织将跨平台、跨用户的数据集成在一起，使得数据随时、随地、按需可用。

通过内置的元数据读取和分析能力，数据编织能够学习当前使用数据的含义。其真正的价值在于能够推荐更多的、不同的、更好的数据，减少数据管理成本最高可达 70%。

据 Gartner 预测，到 2024 年数据编织会提高数据利用效率 4 倍，同时将人工驱动的数据管理成本减半。

5.5 热词五：可解释人工智能

人工智能在克服偏见、保护隐私和获取信任方面存在挑战，这导致了可解释人工智能(XAI)的兴起。XAI 是人工智能的一个新兴分支，用于解释人工智能所做出的每一个决策背后的逻辑。XAI 可以改善人工智能模型的性能，XAI 的解释有助于找到数据和特征行为中的问题，也可以提供更好的决策部署，因为其解释为中间人提供了额外的信息，使其可以明智而果断地行动。

5.6 热词六：随处运营

随处运营是一种为全球各地客户提供支持、赋能全球各地员工并管理各类分布式基础设施业务服务部署的 IT 运营模式。它所涵盖的不仅仅是在家工作或与客户进行虚拟互动，还能提供独特增值体验，如协作和生产力、安全远程访问、云和边缘基础设施、数字化体验量化以及远程运营自动化支持。

根据权威机构预测，到 2023 年年末 40%的企业机构将通过随处运营提供经过优化与混合的虚拟/物理客户与员工体验等。

5.7　热词七：可组合的应用

企业的融合交叉团队通常由 IT 团队和业务人员构成，其在企业数字化转型中的作用日益凸显。但是，融合交叉团队面临许多挑战，由于业务团队缺少 IT 专业背景，普遍缺少代码能力，并且面临快速交付的任务负担，极有可能采用错误的技术路线。

可组合应用可以由包括封装式业务能力单元(packaged-business capabilities，PBCs)，或者软件定义的业务对象(software-defined objects)等在内的软件模块单元构成。这些封装式业务能力单元具备可重用能力，允许融合交叉团队以自由组装的方式来生成应用，极大缩短上市时间。

美国艾利银行(Ally Bank)围绕以欺诈预警为代表的可重复性业务，建立了封装式业务能力单元，使得该银行的融合交叉团队能够在低代码环境中组合应用，节省了 20 万小时的人工工作量。

5.8　热词八：决策智能

决策可能被多种经验和偏见影响，但是在一个快速变化的时代，企业或组织应该更快、更好地决策。决策智能由此产生，通过将决策过程建模为一个框架来提高组织的决策水平。多学科交叉融合团队通过对决策框架的学习和反馈，能够管理、评估和提高决策水平。基于日益集成化的数据、分析和人工智能，决策支撑平台可以支撑、增强，甚至自动化决策过程。

以产品为中心的组织或企业，能够通过对比竞争对手的策略和对历史决策的评估，来决策出更有竞争力的产品策略。Gartner 预测，到 2023 年超过 1/3 的大型机构，将会聘用熟练掌握决策智能和决策建模的分析师。

5.9　热词九：机智号火星无人机

2021 年 4 月 19 日 18 点 55 分左右，NASA 宣布人类直升机首次在火星试飞成功。这架名为"机智"(Ingenuity) 的小型直升机是此前跟随 NASA 毅力号火星车一同抵达火星的。机智号仅重 1.8 公斤，高 0.5 米，由两个反向旋转的旋翼提供升力。旋翼由碳纤维制成，直径达 1.2 米，驱动电机功率 350 瓦。机智号的主要目的是进行技术验证，验证人类采用飞行探测地外星球的全新技术。

5.10　热词十：自我复制活体机器人
Xenobots 3.0

美国科学家发现了一种全新的生物繁殖方式，并利用其创造了有史以来第一个可进行自我复制多代的活体机器人——Xenobots 3.0。该活体机器人可以有助于医学的全新突破——除了有望用于精准的药物递送之外，其自我复制能力也使得再生医学有了新的帮手，或为出生缺陷、对抗创伤、癌症与衰老提供开创性的解决思路。此项研究入选2021年世界十大科技进展。

第6章 领 域 指 标

本章讨论领域指标，包括技术类指标和产业类指标，如表6-1所示。

表 6-1 领域指标

类别	序号	指标	我国	国际水平
技术类	1	自动驾驶等级(L0～L5)	L3	L3
	2	无人潜航器最大下潜深度/米	10,907	10,970
	3	固定翼/旋翼无人机集群数量	200	200
	4	医疗机器人自动化分级(0~5级)	3级	3级
	5	冶金自动化吨钢综合能耗/千克标准煤	555	683
	6	冶金自动化吨钢CO_2排放/吨	2.03	1.83
产业类	1	万名工人机器人拥有量	246	126(全球)，932(韩国)
	2	人均医疗手术机器人拥有量	243台/14亿	约5,000台/3亿(美国)

6.1　技　术　类

6.1.1　自动驾驶等级

　　根据国际汽车工程师协会(SAE International)在 2014年制定的汽车智能化分级标准，自动驾驶分为 L0～L5 级别，数字越大自动化程度越高。其中，L0 级别指无自动驾驶，车辆仅提供预警提示，不介入车辆操控；L1 级别指驾驶服务，具备独立驾驶辅助系统，如车道保持辅助、自适应巡航控制(adaptive cruise control，ACC)系统等；L2 级别指部分自动驾驶，具备多个驾驶辅助系统融合控制功能，并能够监测控制路况，在紧急情况下可以介入；L3 级别指有条件自动驾驶，能够基本实现自动驾驶功能，并能够监测控制路况，在紧急情况下可以介入；L4 级别指高度自动驾驶，有时需要驾驶员介入；L5 级别指完全自动驾驶，车辆完成所有汽车控制操作。

　　主流无人驾驶厂商均公布其自动驾驶等级时间表，其中 2020 年被认为是关键时间节点：以谷歌 Waymo、百度、特斯拉等为代表的互联网造车新势力，旨在 2020 年推出L4、L5 级别的无人驾驶技术；而宝马、长安等传统汽车厂商在 2020 年宣布推出的产品都在 L3 级别。

　　目前，传统车企还在经历 L2 向 L3 级别的升级，部分车企在高配车型搭载了 L3 级别自动驾驶技术，如奥迪已经在 2017 年 9 月发布的新一代 A8 上搭载了 L3 级别自动驾驶技术；长安汽车在 2020 年 3 月 11 日宣布全新车型 UNI-T量产，该车型配备了国内首个 L3 级别自动驾驶系统。

互联网造车新势力的非量产车型，部分声称可以达到 L4 级别，但主要为原型，如威马汽车与百度阿波罗合作开发的 AVP 自主泊车技术。但是受技术成熟度限制还不具备量产能力，并且无人驾驶基础设施的发展水平也成为大规模普及的障碍，因此短时间内 L4 级别产品的大规模量产还有差距。

6.1.2　无人潜航器最大下潜深度

2016 年 6~8 月，海斗号创造我国无人潜水器最大下潜深度纪录，达 10,767 米。2020 年 5 月 9~26 日，海斗一号先后 4 次万米下潜，最大下潜深度为 10,907 米，刷新了我国潜水器最大下潜深度纪录。1995 年，日本海沟号无人潜水器在马里亚纳海沟航行，创造了 10,970 米的潜水器下潜最深世界纪录。

6.1.3　固定翼无人机集群数量

相比商业表演的旋翼无人机集群数量(可达 2,000 个左右)，固定翼无人机的飞行速度快，更易受到风速、天气等环境因素影响，对编队内无人机之间的紧密协作要求更高，协同控制实现难度更大。并且，固定翼无人机的续航能力更强、飞行距离更远，因此固定翼无人机编队的应用场景较旋翼无人机编队更广。可以说，固定翼无人机集群数量更能体现编队群体智能协作水平，更具备实用参考价值。

中美两国均重视这一领域的发展。2016 年 10 月，美国军方从 3 架 F/A-18 超级大黄蜂战斗机上空投了 103 架 Perdix 无人机。中国电子科技集团(CETC)于 2017 年 12 月，成功完成了 200 架固定翼无人机集群飞行，再次刷新了此前 119 架固定翼无人机集群飞行的纪录。

6.1.4　医疗机器人自动化分级

《Science Robotics》的创刊论文《Medical robotics - Regulatory, ethical, and legal considerations for increasing levels of autonomy》提出了医疗机器人自动化程度的 6 个划分级别。

0 级代表没有自动化。以典型的远程操作机器人为主，医疗机器人仅作为医生的执行机构，完全按照医生的意愿进行手术，如目前全球最成功最广泛应用的手术机器人——达芬奇手术机器人，按此标准即为 0 级自动化程度。

1 级代表机器人辅助。执行任务过程中，仍然由医生持续控制，但医疗机器人可以提供一些机器指导和辅助，如 Stryker 公司的 MAKO 交互式骨科机器人。

2 级代表任务自动化。机器人可以自动完成特定的任务，但任务初始化还是由医生控制，因此医生不需要长期、连续控制医疗机器人，如美国霍普金斯大学和美国国立儿童医院联合开发的一种监督式的自主软组织手术机器人

3 级代表条件自动化。医生为机器人选择合适的任务策略，机器人可以不依赖人的干预、按选定的策略直接完成任务，如日本筑波大学 Cybernics 实验室研制的 HAL 下肢外骨骼机器人，我国国产核酸采样机器人，部分也达到了该级别。

4 级代表高度自动化。机器人在合格医生的监督下可以做出医疗决策。

5 级代表完全自动化。机器人可以在无监督情况下完全自主执行整个手术。

6.1.5 钢铁行业能耗和排放数据

国际上采用吨钢综合能耗和吨钢 CO_2 排放作为钢铁生产能耗和碳排放的关键衡量指标。其中，2018 年我国重点统计钢铁企业平均吨钢综合能耗为 555 千克标准煤，国际平均水平为 683 千克标准煤，说明我国能耗指标优于国际平均水平；2018 年，我国重点统计钢铁企业平均吨钢 CO_2 排放为 2.03 吨，国际平均水平为 1.83 吨，说明我国碳排放指标相比国际平均水平尚存差距。

6.2 产 业 类

6.2.1 万名工人机器人拥有量

国际机器人协会(International Federation of Robotics，IFR)采用某一国家或地区制造业每万名工人机器人拥有量来衡量该国家或地区机器人普及水平，相比某一国家或地区的机器人装机总量，更能准确反映全球机器人分布密度和普及率。

根据 IFR 报告《Executive Summary World Robotics 2021 Industrial Robots》公布的统计数据，2020 年全球工业机器人普及率进一步提高，制造业机器人平均密度为每万名工人拥有 126 个机器人，而这一数字在 2013 年仅为 58。

具体到我国，2013 年的每万名工人机器人拥有量仅为

23，位于世界平均水平以下，至 2020 年这一数字已经增长到 246，超过了世界平均水平。然而，与高水平国家，如德国(371)、日本(390)、新加坡(605)和韩国(932)等相比，尚有较大差距。这固然与我国劳动力人口基数大等客观因素有关，但是考虑到我国即将面临与日、韩、新等国家一样的老龄化问题，我国劳动力自动化水平与国际先进水平的差距仍不容忽视。

6.2.2　人均医疗手术机器人拥有量

目前，全球安装了约 6,000 台手术机器人。美国 3 亿人口拥有约 5,000 台手术机器人，我国 14 亿人口仅有 243 台，人均约为美国的 1/100。按照美国比例，中国手术机器人缺口超过 2 万台。

本书作者：柴天佑　于海斌　王鹏　张丁一　王天然

参 考 文 献

[1] 柴天佑. 自动化科学与技术发展方向[J]. 自动化学报, 2018, 44(11): 1923-1930.

[2] Yang T, Yi X L, Lu S W, et al. Intelligent manufacturing for the process industry driven by industrial artificial intelligence[J]. Engineering, 2021, 7(9): 1224-1230.

[3] 柴天佑. 工业人工智能发展方向[J]. 自动化学报, 2020, 46(10): 8.

[4] Mayr O. Zur Frühgeschichte der Technischen Regelungen[M]. Massachusetts: MIT Press, 1970.

[5] Bennett S. A History of Control Engineering 1800-1930[M]. London: Peter Peregrinus, 1979.

[6] Strothman J. M and C technology history more than a century of measuring and controlling industrial processes[J]. Intech, 1995, 42(6): 52-78.

[7] 柴天佑, 郑秉霖, 胡毅, 等. 制造执行系统的研究现状和发展趋势[J]. 控制工程, 2005, 12(6): 505-510.

[8] Hakason B. Execution-driven manufacturing management for competitive advantage[R]. MESA White Paper 5, Manufacturing Execution Systems Assoc, USA, 1997.

[9] 柴天佑, 刘强, 丁进良, 等. 工业互联网驱动的流程工业智能优化制造新模式研究展望[J]. 中国科学: 技术科学, 2022, 52: 14-25.

[10] 桂卫华, 陈晓方, 阳春华, 等. 知识自动化及工业应用[J]. 中国科学: 信息科学, 2016, 46: 1016-1034.

[11] Manyika J, Chui M, Bughin J, et al. Disruptive technologies: Advances that will transform life, business, and the global economy[R]. New York: McKinsey Global Institute, 2013.

[12] 桂卫华, 王成红, 谢永芳, 等. 流程工业实现跨越式发展的必由之路[J]. 中国科学基金, 2015, 29(5): 6.

[13] Silver D, Huang A, Maddison C J, et al. Mastering the game of Go with deep neural networks and tree search[J]. Nature, 2016, 529: 484-489.

[14] 超级自动化, 入选 Gartner《2022 年政府 10 大技术趋势》报告[OL]. https://mp.pdnews.cn/Pc/ArtInfoApi/article?id=27274623.

[15] 英国公布 2050 战略[OL]. https://view.inews.qq.com/a/20211029A01D8V00.

[16] i-Japan 战略 2015——日本中长期信息技术发展战略[J]. 中国信息化,

2014, (12): 66.

[17] The national artificial intelligence research and development strategic plan [OL]. https://www.nitrd.gov/PUBS/national_ai_rd_strategic_plan.pdf.

[18] Jordan M I, Mitchell T M. Machine learning: Trends, perspectives, and prospects[J]. Science, 2015, 349(6245): 255-260.

[19] Kusiak A. Smart manufacturing must embrace big data[J]. Nature, 2017, 544(7648): 23-25.

[20] 柴天佑. 工业人工智能发展方向[J]. 自动化学报, 2020, 46(10): 2005-2012.

[21] Executive Office of the President, National Science and Technology Council, Committee on Technology. U.S. Preparing for the future of artificial intelligence[R]. Executive Office of the President, USA, 2016.

[22] Defense Advanced Research Projects Agency (DARPA) U.S. Explainable artificial intelligence (XAI)[R], 2017.

[23] Pearl J. Theoretical impediments to machine learning with seven sparks from the causal revolution[C]. Proceedings of the 11th ACM International Conference on Web Search and Data Mining, 2018.

[24] Bareinboim E, Pearl J. Causal inference and the data-fusion problem[J]. Proceedings of the National Academy of Sciences of the United States of America, 2016, 113(27): 7345-7352.

[25] 柴天佑. 制造流程智能化对人工智能的挑战[J]. 中国科学基金, 2018, 32(3): 251-256.

[26] Huawei Cloud BU. Industrial AI development white paper[R], 2018.

[27] 柴天佑. 生产制造全流程优化控制对控制与优化理论方法的挑战[J]. 自动化学报, 2009, 35(6): 641-649.

[28] Allen B D. Digital twins and living models at NASA[R]. Digital Twin Summit, 2021.

[29] Moigne J L. Advanced information systems technology (AIST) new observing strategies (NOS) workshop[R]. Hyatt Place, Washington, DC, 2020: 25-26.

[30] 标杆工厂照亮制造业转型升级之路[OL]. https://articles.e-works.net.cn/viewpoint/article150086.htm.

[31] 工业和信息化部等八部门. "十四五"智能制造发展规划[R].

[32] 让5G+工业互联网提速, 还得打通哪些关节[OL]. http://www.stdaily.com/kjrb/kjrbbm/2021-12/06/content_1236634.shtml.

[33] 国双科技使油气知识共享, 打造油气领域"超级智能大脑"[OL]. http://

www.stdaily.com/kjrb/kjrbbm/2021-02/22/content_1082171.shtml.

[34] 赵春江院士：农业大数据、农业机器人等成为智慧农业重点应用[OL].
http://www.stdaily.com/index/kejixinwen/2020-12/18/content_1062351.shtml.

[35] 推进运检数字化，设备故障分析知识大脑上线运行[OL]. http://www.stda
ily.com/index/kejixinwen/2021-11/08/content_1230717.shtml.

[36] 海信与南开大学联合发布行业首个"城市医生知识库"[OL]. https.//ww
w.sohu.com/a/495376358_120339060.

[37] 赖一楠, 叶鑫, 丁汉. 共融机器人重大研究计划研究进展[J]. 机械工程
学报, 2021, 57(23): 12.

[38] 重庆大学 15 年攻关, 让国产机器人减速器不再被"卡脖子"[N]. 科技日
报, 2021-04-23.

[39] 源头创新解决"卡脖子"技术难题——一名工科教师翻越成果产业化"四
座大山"的启示[N]. 光明日报, 2021-04-11(1).

[40] 变电站养了"机器狗", 为变电智能巡检开辟新天地[OL]. http://www.st
daily.com/index/kejixinwen/2021-08/12/content_1212778.shtml.

[41] 机器人维护火车站减速顶效率较人工作业提升 3 倍[N]. 中国高新技术产
业导报, 2021-12-06(A14).

[42] "南电监查 01"交付, 500 千伏海底电缆有了全天候"保姆"[N]. 科技
日报, 2021-01-27(5).

[43] 空中机器人让高原"绿电"稳送中原[OL]. http://www.stdaily.com/index/
kejixinwen/2021-06/24/content_1161753.shtml.

[44] 神东智能采样机器人助推"智能矿山"再升级[OL]. http://www.stdaily.c
om/kjrb/kjrbbm/2021-07/13/content_1176097.shtml.

[45] 南航团队研发"水下机械臂"[N]. 新华日报, 2021-11-10(17).

[46] 水下机器人极地显身手[N]. 中国高新技术产业导报, 2021-11-01(A3).

[47] 工业互联网再创新, "未来工厂"加速制造业升级[OL]. http://www.stdail
y.com/zhuanti/zgcxwb/2021-09/28/content_1222648.shtml.

[48] 全球首座百兆瓦级分散控制储能电站投运[N]. 中国高新技术产业导报,
2022-01-17(A16).

[49] 国内火电行业首套边缘计算装备接入分散控制系统[OL]. http://www.std
aily.com/index/kejixinwen/2021-08/24/content_1215010.shtml.

[50] 新松高端服务器数字化智能工厂亮相世界机器人大会[OL]. http://www.s
tdaily.com/index/kejixinwen/2021-09/12/content_1219172.shtml.

[51] 国内首款自主基于云架构的三维 CAD 平台上线[OL]. http://www.stdaily.
com/index/kejixinwen/2021-09/09/content_1218744.shtml.

[52] 在变与不变中闯出新路[N]. 中华工商时报, 2021-10-20(8).

[53] 人体运动类型识别新方法, 可提升外肌肉机器人适应能力[N]. 科技日报, 2021-09-09(5).

[54] 康复机器人, 如何读懂你?[N]. 新华日报, 2020-01-15(20).

[55] 高效读懂大脑运动意图有望造福瘫痪病人[N]. 科技日报, 2020-12-22(4).

[56] 上海科研团队发现谷氨酸递质系统控制心电活动, 为心律失常防治带来新理念[OL]. http://www.stdaily.com/index/kejixinwen/2021-04/08/content_1108470.shtml.

[57] 可视化三维胃类器官, 揭示细胞更新质量控制新机制[N]. 科技日报, 2021-10-20(5).

[58] 2020 年国家网络安全宣传周: 工业互联网安全亟待加强[OL]. http://www.stdaily.com/zhuanti/zgcwqq/2021-10/09/content_1224481.shtml.

[59] 国内首款国密算法高抗冲突物联网安全芯片在山东发布[N]. 中国高新技术产业导报, 2021-06-07(A13).

[60] 南方电网: 让"中国芯"成为数字电网的动力源[OL]. http://www.stdaily.com/kjrb/kjrbbm/2021-09/08/content_1218278.shtml.

[61] 首条网信产品自主安全生产线建成投产[N]. 科技日报, 2021-05-14(2).

[62] 成品油 SCADA 系统上线管道输送用上国产"心脏"[N]. 科技日报, 2021-09-08(5).

[63] 能源行业首个软件测试云平台正式上线[N]. 人民政协报, 2022-01-18(6).

[64] 周睿康, 姚相振, 黄晶晶, 等. 物联网领域商用密码应用分析与展望[J]. 自动化博览, 2021, (10).

[65] 安全靶场构建新型人工智能安防体系[N]. 科技日报, 2021-11-29(6).

[66] 我国拟态构造工业互联网成功抵御 95 万次攻击[N]. 中国高新技术产业导报, 2021-01-04(A14).

[67] 航天技术打造机器人智能感知系统[N]. 科技日报, 2021-01-27(3).

[68] 高精尖技术助力, "消防神器"护你平安[OL]. http://www.stdaily.com/index/kejixinwen/2021-10/13/content_1225248.shtml.

[69] 仿水黾微型机器人研究取得新进展[N]. 中国高新技术产业导报, 2021-09-20(A14).

[70] Yang C, Yuan K, Zhu Q, et al. Multi-expert learning of adaptive legged locomotion[J]. Science Robotics, 2020, 5(49): 1-62.

[71] Gao D W, Wang Q, Zhang F, et al. Application of AI techniques in monitoring and operation of power systems[J]. Front Energy, 2019, 13: 71-85.

[72] 赵春晖, 余万科, 高福荣. 非平稳间歇过程数据解析与状态监控——回

顾与展望[J]. 自动化学报, 2020, 46: 2072-2091.

[73] Yuan Y, Tang X, Zhou W, et al. Data driven discovery of cyber physical systems[J]. Nature Communication, 2019, 10: 4894.

[74] Yuan Y, Ma G J, Cheng C, et al. A general end-to-end diagnosis framework for manufacturing systems[J]. National Science Review, 2020, 7(2): 418-429.

[75] "张江造"手术机器人突破世界级难题, 中国完成全球首例全髋关节置换手术[N]. 解放日报, 2021-03-11(1).